安部恭子
石川隆一
［編著］

# 「みんな」の学級経営

伸びる つながる

3年生

東洋館出版社

## 目次 CONTENTS

# 「みんな」の学級経営 伸びる つながる 3年生

### プロローグ

## 学級経営を学ぼう …………………………………… 005

[小学校の学級経営] 学級経営の充実を図るために ……………… 006
[3年生の学級経営] 中学年で伸ばしたい主体性 ………………… 014

### 第1章

## ちょっとひと工夫！
## 3年生の教室環境づくり ………………… 017

子供の目線で教室環境をデザインしよう ……………………… 018
明るく、整然と、スッキリした教室にしよう ………………… 020
座席配置プランを立てよう ………………………………… 022
係コーナーで「係大好き」3年生にしよう …………………… 024
コミュニケーションのポイントを掲示しよう ………………… 026
教室掲示を教師からの「メッセージ」にしよう ……………… 028
掲示物で係活動を活性化させよう ………………………… 030
学習の足跡を掲示物で残そう ……………………………… 032
作品を見るポイントを明確にして掲示しよう ………………… 034
教室を「思い出のアルバム」にしよう …………………… 036

### 第2章

## これで完璧！
## 3年生の学級づくりのコツ ………………… 039

学級づくりの「夢」を描こう ……………………………… 040
学級の「合言葉」をつくろう ……………………………… 042

002

目次

朝の会・帰りの会は自信を付けるチャンス ……………………… 044
楽しくうれしい「日直」にしよう ……………………………………… 046
当番活動で一人一人の役割を明確にしよう ……………………… 048
係活動の指導を工夫しよう ……………………………………………… 050
世界に一つだけの集会にしよう ……………………………………… 052
学級通信で子供の頑張りを伝えよう ………………………………… 054
読みやすく、分かりやすい学年だよりをつくろう ……………… 056
「その子だけの先生」になって聞こう ……………………………… 058
伝えたいことを意識して褒めたり叱ったりしよう ……………… 060
「なぜ？」ではなく、「何？」を聴こう ……………………………… 062
夏休み前にやっておきたい四つのこと ……………………………… 064
「困ったことコーナー」を設置しよう ……………………………… 066
「できない」と言えない子供に寄り添おう ………………………… 068
授業参観を教師のプレゼンテーションの場にしよう …………… 070
思いが伝わる「家庭訪問」「個人面談」にしよう ………………… 072
「来てよかった！」と思える保護者会にしよう …………………… 074
子供が主体的に取り組む運動会にしよう ………………………… 076
達成感を味わえる遠足にしよう ……………………………………… 078

## 第3章

## 子供たちの学習意欲を伸ばす！
# 3年生の授業のコツ …………………… 081

[授業に入る前に　Check Point]

褒めて広げる学習ルールの指導 ……………………………………… 082
主体的な家庭学習のアイデア …………………………………………… 084
1に丁寧、2に丁寧、3年生までにノート指導の基礎づくり …… 086
［国 語 科］クラスみんなが漢字先生 ………………………………… 088
［国 語 科］「お話スタンド」でお話紹介 ……………………………… 090
［国 語 科］3年生　言語活動あれこれ ……………………………… 092

003

[ 社 会 科 ] 地図帳の学習はゲーム感覚で楽しく …………………… 094
[ 算 数 科 ] 具体的な場面をイメージする「あまりのあるわり算」… 096
[ 算 数 科 ] ICT機器を活用した「円のかき方」……………………… 098
[ 理   科 ]「実物」に触れよう ……………………………………… 100
[ 音 楽 科 ] よい演奏は、よく聴くことから ………………………… 102
[図画工作科] 五感をフルに使って、楽しい図工！ ………………… 104
[ 体 育 科 ] 体つくり運動で体を動かす楽しさを味わう ……………… 106
[外国語活動] フレンズ自己紹介をしよう ……………………………… 108
[ 総   合 ] 社会科からつながる、地域素材を活用した
　　　　　　総合的な学習の時間 ……………………………………… 110
[ 道 徳 科 ] 実践への意欲が高まる「特別の教科　道徳」………… 112
[ 特別活動 ] 学級会（話合い活動）に取り組む …………………… 114
[ 特別活動 ] 望ましい食習慣を形成する …………………………… 118
[ 特別活動 ] 学校図書館の活用で学びを深める ………………… 120

第4章

# 3年生で使える「学級遊び」……………… 123

ラッキーアニマル ………………………………………………………… 124
○組ソングをつくろう！ ………………………………………………… 126
リズムでつなごう ………………………………………………………… 128
ぱちぱちリレー …………………………………………………………… 130
サイレント仲間探し ……………………………………………………… 132

編著者・執筆者一覧 …………………………………………………… 134

## プロローグ

# 学級経営を学ぼう

小学校の学級経営

# 学級経営の充実を図るために

文部科学省 初等中等教育局
教育課程課 教科調査官　**安部 恭子**

## 1　学級経営をどう考えるか

　今回の学習指導要領は、全ての教科等が資質・能力で目標や内容を整理しているのが大きな特徴となっています。特別活動の場合、これまでも大事にしてきた人間関係形成、社会参画、自己実現の三つの視点をもとに作成しています。小学校の総則と特別活動にはこれまでも学級経営の充実に関する表記がありましたが、今回、教科担任制である中学校の総則と特別活動にも学級経営の充実が示されました。

　学級経営が大事なのは分かっているけれど、どんなことをすればよいのか、どう充実させればよいのかということを先生方はお悩みになっているのではないでしょうか。子供たちの教育活動の成果が上がるように、学級を単位として諸条件を整備し、運営していくことが学級経営であるととらえると、子供たちの人間関係をよりよくつくることも、環境整備も、教材を工夫することも、日々の授業をつくっていくことも学級経営の重要な内容であり、多岐に渡ります。ここが問題かなと思います。

　今回の学習指導要領では、根本のねらいとして、子供たちが自らよりよい社会や幸福な人生を切り拓いていくことができるようにするため、必要な資質・能力を育むことがあげられています。ですから、**学校生活において、子供たちが自らよりよい生活や人間関係をつくっていく基盤となるのが学級経営の充実だと、私はとらえています。**大切なのは、どんな学級生活・学級集団を目指したいのかという教育目標を、先生がしっかりともつことだと思い

ます。自分の理想だけを考えていると現実と合わなくなってしまいますから、目の前の子供たちの実態を見据えながらどんな資質・能力を育みたいかを考え、学級の教育指導目標を立てていくことが大切です。

年度当初の計画において重要なことは、学年としてどのように指導していくか、共有化していくことです。しかし、学校教育目標や学年目標を共有化して共通理解を図って指導しようとしても、学級によって子供たちの実態は異なります。1年生から2年生に上がるという点は同じでも、これまでの学級生活が異なることから、各学級ではどうしても違いがあります。

そのような中で、今までみんなはこういう生活をしてきたけれども、「これからは2年○組として一緒の仲間だよ」と子供たちに考えさせていくためには、子供の思いや保護者の願い、そして担任の指導目標を踏まえた学級の目標をしっかりとつくり、目指す学級生活をつくるために「みんなはどんなことを頑張っていくのか」ということを考えさせないといけません。「こういう学級生活をつくりたいな」「こういう○年生になりたいな」という思いをきちんと年度当初にもたせないと、学級目標は単なる飾りになってしまいます。学級活動では、「○年生になって」という題材で、自分が頑張りたいことを一人一人が決める活動がありますが、例えば2年生なら、単に「算数科を頑張る」「生活科を頑張る」ではなく、**一番身近な2年生の終わりの姿を子供たちに見通させ、その上で今の自分について考え、どう頑張っていくかを子供たち一人一人が具体的に考えるようにします**。このことがなりたい自分やよりよい自分に向けて頑張っていける力を付けていくことになり、自己の成長を自覚し、自己実現にもつながっていくのです。

## 2　人間関係形成と課題解決力育成のために学級経営が果たす役割とは

平成28年12月の中央教育審議会の答申において、**「納得解」** を見付けるということが示されています。このことと特別活動・学級経営との関わりは大きいと思います。平成29年11月に公表されたOECDの学力調査でも、日本の子供たちの協同して問題解決する力は世界で2位でした。身近な生活を

見つめて、自分たちの学級生活や人間関係をよりよくするためには、どんなことが問題なのか、どうすればよいのかに気付き、考える子供を育てる必要があると思います。低学年では、まずは「みんなで話し合って、みんなで決めて、みんなでやったら楽しかった」という経験がとても大切です。そこから自発的・自治的な態度が育っていくのです。本音で話し合える学級をつくるためには、本音を言える土壌をつくっておかなくてはなりません。担任の先生が、一人一人が大事な存在なのだと示し、支持的風土や共感的土壌をつくっていくことが大切です。また、子供たち同士の関わりの中で、他者との違いやよさに気付き、我慢したり、譲ったり、譲られたり、といった集団活動の経験を積み重ねていくことが必要です。

　子供たちにとって、学級は一番身近な社会です。家庭から幼児教育の段階、小学校の段階とだんだん人間関係が広がっていき、子供たちは、自分とは異なる多様な他者がいるのだということや協働することの大切さを学んでいかなくてはなりません。そのために、新年度において担任と子供の出会い、子供同士の出会いをどのように工夫して演出し、どのように人間関係をつくっていくかということがとても大切になってきます。

　学級活動で言えば、例えば「どうぞよろしくの会」や「仲よくなろう会」など、お互いのことを知って人間関係をつくっていけるような活動を、子供たちの話合い活動を生かして意図的・計画的に組んでいくことが必要だと思います。また、教室に入ったときに「これからこの学級でやっていくのが楽しみだな」と思うような準備をするとよいでしょう。例えば、先生と子供、子供と子供で、お互いの名前が分かるような掲示を工夫するとよいと思います。**私は4月の最初の日だけではなく、毎日必ず黒板に子供へのメッセージを書いていました。**出張でどうしても帰ってこられない日は無理ですが、それ以外の日は、詩を書いたり、前日の活動やこれから行う活動のことについて、「こういうところを頑張ったね」「こういうことを頑張っていこうね」ということを書いたりしました。最初の出会いづくりを工夫し、子供たち自身が学級に居場所を感じて愛着をもてるようにすることを目指したのです。

　また、特別支援学級に在籍している子供でなくても、支援が必要な子供は学級の中にたくさんいるでしょう。例えば、問題行動を起こす子供がいた場

合、その子供自身が一番困っているので、そこをきちんと理解してあげることが大切です。また、その子供に合った合理的配慮をしたり、ユニバーサルデザインなどの視点で環境整備をすることも大事です。そして何よりも、集団生活においては、周りをどう育てるかがより大事なのです。もちろん個人情報に関わることは伝えてはいけませんが、この子供はこういうことは得意だけれどもこういうことは苦手なのだというような特性を、子供たちが分かって接するのと分からないで接するのとでは、全然違うと思います。

　また、日頃しゃべらない子が、ある２、３人の子供とは話すことがあります。そういうことを先生がきちんと見取って、グループ分けするときに配慮することも必要です。先生だけが知っているのではなく、子供たちがお互いのよさを分かり合えるような機会をつくってください。いつも仲よしだけで遊んでいるのではなく、**お互いを知り、よさに気付き合い、頑張り合ってクラスの仲が深まるような活動を、ぜひ学級活動でやっていただきたいと思います。**

　子供たち自身に「このクラスでよかったな」「自分はこの学級をつくっていくメンバーなんだ」という意識をもたせるためには、学級担任の先生が子供たちのことが好きで、学級や学校への愛着をもつことがまず必要ではないでしょうか。日本の先生方は、大変きめ細かく子供たちのことをよく考えて指導しています。朝は子供たちを迎え、連絡帳や学級通信、学年だよりなどを通して保護者との連携を図り、学年同士のつながりも考えて、先生方は子供たちのために一生懸命取り組んでいます。そういうところは、本当にすばらしいと思います。

　先生方には、本書や『初等教育資料』などを読んで勉強したり、地域の教育研究会やサークルなどを活用したりして、共に学んでいく中で自分の悩みなどを言い合えるような人間関係をつくっていくとよいと思います。

## 3　教科指導と学級経営の関係性

　学級経営は、「小学校学習指導要領解説　特別活動編」に示されているように、学級活動における子供の自発的・自治的な活動が基盤となりますが、特別活動だけで行うものではありません。**教科指導の中で学級経営を充実さ**

**せていくことも大切なのです**。結局、子供たちによい人間関係ができていなければ、いくら交流しても学び合いはできません。例えば発表しなさいと言っても、受け入れてくれる友達や学級の雰囲気がなければ発言しようという意識にはなりません。友達の意見をしっかりと受け入れて理解を深めたり、広げたり、考えや発想を豊かにしたりするためには、それができる学級集団をつくっていかなければなりません。低学年であれば、まず「隣の人とペアで話し合ってみようね」「グループで一緒に意見を言ってみようね」などといった段階を経験させておくことも大切です。

教科指導の中で大事なものに、**学習規律**があります。例えば、自分の行動が人に迷惑をかけてしまう、また、この授業は自分だけのものではなく、みんな学ぶ権利があって、しっかりやらなければいけない義務があるというようなことを、子供自身が自覚し、自ら学習に取り組むことができるようにしていかなければなりません。

そして、友達が発言しているときは途中で勝手に割り込まない、相手を見て最後までしっかり聞く、という基本的なことは学習における最低限の約束なので、学校として共通理解を図り、共通指導を行っていくことが望ましいでしょう。これは生徒指導とも大きな関わりがあります。

## 4　特別活動における基盤となる学級活動

学習指導要領では、特別活動の内容として**〔学級活動〕〔児童会活動〕〔クラブ活動〕〔学校行事〕**の四つが示されています。前述のとおり、特別活動は各教科の学びの基盤となるものであり、よりよい人間関係や子供たちが主体的に学ぼうとする力になると同時に、各教科の力を総合的・実践的に活用する場でもあります。そういう点で各教科等と特別活動は、往還関係にあると言えます。特別活動の四つの内容も、各教科等と特別活動の関係と同じように、学級活動での経験や身に付けた資質・能力がクラブ活動に生きたり、クラブ活動での経験が児童会活動に生きたりといった往還関係にあります。その中で基盤となるのが、学級活動です。

学級活動については、学級活動（1）は子供の自発的・自治的活動、つま

り学級の生活や人間関係の課題を解決していくために話し合い、集団として合意形成を図り、協働して実践すること、学級活動（2）は自己指導能力、今の生活をどう改善してよりよい自分になっていくか、学級活動（3）は現在だけではなく将来を見通しながら今の自分をよりよく変えて、なりたい自分になるため、自分らしく生きていくために頑張ることを決めて取り組んでいけるようにします。**学級活動は、このように（1）と（2）（3）では特質が異なるため、特質を生かしてしっかりと指導していくことが必要です。**

　学級は子供にとって毎日の生活を積み上げ、人間関係をつくり、学習や生活の基盤となる場であり、そこから学校を豊かにしなければいけません。学級生活を豊かにするためには、目の前の子供たちを見つめ、どういう実態にあるのかをしっかりと把握し、どんな資質・能力を育んでいくのかを先生がきちんと考えることが必要です。

　今回の学習指導要領では、活動の内容として、（3）が新たに設定されました。いろいろな集団活動を通して、これらを計画的・意図的に行っていくことが必要になります。

　学級活動（1）で、議題箱に議題が入らないと悩んでいる先生が多くいらっしゃいます。これは、子供自身に経験がないため、どんな議題で話し合ったらよいか、その発想を広げることが難しいのです。学級会の議題を出させるためには、例えば、「上学年のお兄さん、お姉さんに聞いておいで」と指示したり、「先生は前のクラスでこんなことをやったよ」ということを話してあげたり、教室環境を整備したりといった取組が考えられます。各地の実践を紹介すると、「学級会でこんなことをやったよ」と、全学年、全学級の学級会で話し合った議題を提示している学校があります。また、ある学校では、教室に入ってすぐある掲示スペースに、次の学級会ではこんなことを話し合いますという学級活動のコーナーをつくり、子供たちがすぐに見て情報共有できるような工夫をしています。このような創意工夫が、子供たちが生活上の問題に気付く目を育てるのです。

　また、**学級活動における板書の役割はとても大きいのです。**よく、「思考の可視化・操作化・構造化」と言いますが、構造化とはパッと見て分かるようにすることですから、意見を短冊に書いて、操作しながら分類・整理して

比べやすくしたり、話合いの状況や過程が分かるようにしましょう。こうした力は学級活動だけではなく、教科の学習でも生きてきます。

　学級活動の（2）（3）においても、「今日は1時間、こういう学習を経て、こういうことを学んだ」ということが板書で明確になっていないと、子供たちの学びは高まりません。ある地域では、**「つかむ→さぐる→見付ける→決める」**という四つの段階を経ることを基本事例として黒板に明確に示し、これを教科でも使用しています。最初に課題をつかみ、どうすればよいのかを話し合い、みんなで見付けた解決方法を発表し合い、自分の力で次の例題を解いていくのです。1回の話合いや集会などの実践だけが大事なのではなく、実践をもっと大きくとらえ、事前から事後までのプロセスを意識する必要があるのです。また、実践して終わりではなく、成果や課題について振り返り、次の課題解決につなげることも大切です。

　**学級会における板書等の経験が、児童会活動の代表委員会で活用されるなど、汎用的な力となるようにします。**また、特別活動で育成した話合いの力は、国語科や社会科のグループ活動などにも生きていきます。活動を通して子供たちにどんな力を付けさせたいのか、何のための実践なのかをきちんと意識して話し合い、次に課題があったらつなげていく。前の集会のときにこうだったから今度はこうしよう、というように経験を生かせるようにします。

　振り返りのときに、よく、「お友達のよかったことや頑張ったことを見付けましょう」と言いますが、よさを見付けるためには先生が『よさの視点』をしっかりもって子供に指導することが大切です。「どんなところがよかったのか」「課題は何か」などを具体的に示すことで、子供たちの学びが深まります。年間指導計画も例年同じ議題を例示するのではなく、今年はこういう議題で話し合って実践したということを特活部会等で話し合い、組織を生かしてよりよく改善していく、そういう姿勢も学級経営の充実につながるのではないでしょうか。

## 5　学校行事と学級経営の関係

　今回の学習指導要領の特別活動の目標では、「知識及び技能」で、「集団活

動の意義の理解」を示しています。このことは、行事も単に参加するのではなく、何のために参加するのかという意義を子供にきちんと理解させた上で、自分はどんなことを頑張るかという目標を立てさせて取り組ませ、実践して振り返ることが必要になってくるからです。

　学校行事の大きな特質は、学年や全校といった大きな集団で活動するという点です。学級でいるときよりも大きい集団の中での自分の立ち位置や、みんなで一緒に行動をするためには他者を考えなければいけないという点で、学校行事と学級経営は大きく関わってきます。

　日頃の学級経営を充実させ、学級としての集団の中で自分はこういうことに気を付けていこう、よりよくするためにみんなで決めたことを協力し合って頑張っていこうという意欲を高め、一人一人の子供がよさや可能性を発揮して活動することができるようにします。そこでの基盤はやはり、学級活動になります。

　特に学校行事の場合、高学年は係等でいろいろな役割を果たします。学級集団の中で役割を担い、責任をしっかり果たすという経験は、学校行事の中でも生きてきます。学級の中ではなかなか活躍できない子供も、異年齢の集団活動である学校行事やクラブ活動、児童会活動の中で活躍することによって、リーダーシップを発揮したり、メンバーシップの大切さを学んだりします。そして、自分もやればできるという自己効力感を感じたり、自分もこういうことで役に立てたという自己有用感を感じたりすることができるのです。例えば、集会活動には司会役やはじめの言葉など、いろいろな係分担がありますが、やりたい人だけがやるのではなく、学級のみんなが役割を担って集会を盛り上げ、責任を果たすことが大事です。

　話合いや実践後には、先生が子供たちのよさや頑張りを具体的に褒めてあげることも大切です。そして、内省し、友達に対して自分はどうだったかを考えることができる子供を育てるためには、振り返りを大事にします。

**「こんなことを頑張った」というプラス面を見ていきながら、「次はこういうことをもっと頑張ろう」と次に向かう力につなげ、前向きに頑張れる子供を育ててほしいと思います。**

3年生の学級経営

# 中学年で伸ばしたい主体性

## 1、2年生の経験を生かして

　3年生は、低学年よりも学校生活に慣れて視野が広がり、活動範囲が広くなっていきます。そこで、子供たちが発意・発想を生かして活動できるような指導をする必要性が高まります。もちろん、人に迷惑をかけたり自分勝手な行動をしたりといった規範的なことでマイナスがあるようならば、すぐに指導しなければいけません。

　自主性が高まるとともに、集団の輪を乱すような行動が見られることもあります。**年度当初、先生は、2年生までの学級によって子供たちの経験が違うということをよく理解しておく必要があります。**その上で、「これから学級のみんなとどんな学級生活をつくっていこうか」「どんな3年生になりたいか」という子供たちの思いを大切にした学級づくりをしましょう。できれば、保護者の願いもアンケートなどで聞いておくとよいでしょう。

　3年生くらいの段階では、学級の友達のよさに気付くこともありますが、苦手なところに気付いたり、「あの子はこういう子」というような、ややネガティブな見方をすることも考えられます。これについては、先生が集団活動をどう仕組んでいくかが重要になります。例えば、学級活動でただ単に集会活動を行うのではなく、何のためにその活動をするのかという目的を子供がしっかり理解して話し合い、実践することを通して、互いのよさや頑張りに気付く場や機会を仕組んでいくことが大切です。また、先生が自分たちをどういう目で見ているかということを、子供たちは敏感に感じ取ります。ですから、先生ができばえや結果ではなく、活動の過程に重点を置いて子供たちのよさや頑張りを進んで見取るなど、子供たち一人一人がよさや可能性を発揮できるように心がけましょう。

## 異年齢との交流の中で活躍の場を

　3年生はまだ、他学年との間でリーダーシップを発揮するのは難しい場合もあります。一方で、同じ学級の友達の中ではなかなか活躍できない子供も下学年との交流活動では、リーダーシップを発揮することも多いのです。そこで、異年齢交流活動など、活躍できる機会をつくることも必要です。

　総合的な学習の時間が3年生から始まりますが、そこで子供たちの自主性を育む活動を入れていくとよいでしょう。学級の中だけで活動するのではなく、同じ課題の他学級の友達とも協力して自己の課題を解決していく。時には我慢して、自分とは違う友達と共にやっていくのだという意識をもたせておかないと、例えば総合的な学習の時間でグループ学習をしたけれども学び合えませんでした、というようなことにつながってしまいます。

　3年生を受け持つことになると、学級編制のときに、「この子はリーダーシップがある」といった子供たちに関する資料をもらいます。しかし、大事なのは、「最初からこの子はこういう子だと色眼鏡で見ないようにすること」です。一人一人の子供の意欲を大事にしてあげてください。

　3年生は、1、2年生での経験を踏まえ、学級活動でも発言が活発になっていき、思考の広がりと共により具体的にできることが広がっていきます。先生が議題や課題の設定の仕方などを工夫して、「2年生のときはどうだった」というように、事前の資料をまとめて子供たちが振り返ることができるようにしておくことも必要です。前の集会ではどうだったか、こんなところがよくできたけれども、こういうところが課題だったということを想起させるなど、経験したことを生かすことができるようにします。

　3、4年生は、一番伸びる学年だと思います。例えば、「学級ギネス」と称して、学級全体で挑戦するもの、グループで挑戦するもの、一人一人がチャレンジするものを設定して記録証をつくったりするのも楽しいでしょう。**みんなで協力し、工夫して取り組むことによって仲を深めたり、よさに気付いたりすることができるようにします。**子供たちが3、4年生のときの経験を生かして、次の学年でまた頑張っていけるようにします。子供たちの思いや発意・発想を大切にして、いろいろな活動に取り組んでいってください。

第1章

ちょっとひと工夫！
3年生の
教室環境づくり

どの子供も安心できるような教室環境づくりの工夫①

#  子供の目線で教室環境をデザインしよう

**ねらい**

新年度がスタートする4月。子供たちは期待と不安を感じています。そこで、どの子供も安心して安全に過ごすことができる教室環境をデザインしましょう。

##  キーワードは「安心」「安全」

　4月、新しい教室での生活が始まります。子供たちは、「友達はできるかな」「どんな先生かな」「どんな学級になるかな」など、期待や不安を感じています。子供たちが安心して、安全に生活することができるような教室環境をつくりましょう。

　まずは子供たちが安心して学ぶことができるか、危険なものはないか等について、新学期が始まる前に確認したり、定期的に教室環境を見直したりしていくことが大切です。

　その際、生活者である**「子供の目線」**で環境を整えていきます。例えば、**子供の動線から考えて無理はないか、掲示物は子供が見やすい高さにあるか**などです。子供の目線で教室環境を整えていくことが、みんなが安心して、安全に過ごすことができる教室環境につながります。

　また、子供たちにとって、教室は生活する場であり、学習する場でもあります。このことを十分に考慮した上で、教師はねらいをもって、意図的・計画的に教室環境づくりをしていく必要があります。

　教室環境を整えることによって、子供たちの意欲を引き出し、安心感と秩序を生み出していくことができるようにしましょう。

第1章　ちょっとひと工夫！　3年生の教室環境づくり

──── ここがポイント ────

❶ 初日は、自分が座る席や使うロッカー、フックなどがはっきりと分かるようにすることが大切です（昇降口、靴箱等も同じように考えましょう）。

❷ 最初の1週間で、提出物を置くところ、自分の物の管理の仕方やみんなで使う物の扱い方等を明確に指導しましょう。安心して学級の生活をスタートすることができます。

どの子供も安心できるような教室環境づくりの工夫②

# 明るく、整然と、スッキリした教室にしよう

**ねらい**

子供たち全員が安心して、安全に学校生活を送ることができるように、明るく、整然とした教室環境に保つようにしましょう。

## 📖 「見た目スッキリ」で過ごしやすく

　教室の見た目の印象はとても大切です。教室の隅にゴミが落ちていたり、掲示物がはがれていたりしては、子供たちも落ち着いて生活できません。明るくきちんとした教室環境を整えていくことが、安心や安全につながります。子供たちに教室をきれいにするように指導し、「見た目スッキリ」を保つことができるようにします。ちょっとした配慮が整然とした印象につながります。例えば、次のようなチェック項目で教室を見てみましょう。

**机や椅子**　＊学校の指導内容や方法、備品等の状況によって異なります。

- ☑机や椅子がまっすぐ並んでいるか
- ☑机の横(フック)には、給食の布巾袋以外の重い物がかかっていないか
- ☑机の高さはそろっているか

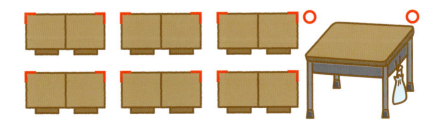

## 黒板

- ☑ きれいにふいてあるか
- ☑ 溝にチョークの粉はないか
- ☑ 決まった色のチョークが並んでいるか

## ロッカーや机の中

- ☑ 名前や番号等の表示はきれいにしてあるか
- ☑ みんな同じようにランドセルや荷物が入っているか
- ☑ 机の中から物がはみ出していないか

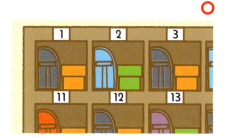

## 掲示物

- ☑ 全員の掲示物があるか
- ☑ まっすぐに掲示されているか
- ☑ 文字に間違いはないか
- ☑ 破れていないか

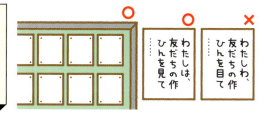

### ここがポイント

　掲示物が破れたら、すぐに直します。画鋲が取れていたり掲示物が曲がっていたりしたらすぐに気付いて、すぐに直します。すぐに直すことは「先生はいつもどんなことにも気付いてくれるのだな」という安心感にもつながります。また、子供たちが気付いて直すことができたら大いに褒め、学級全体に広げます。整った教室で過ごすことで、気持ちがよく、落ち着いて学習ができることを実感できるようにします。

子供が安心して学べる座席配置の工夫

# 座席配置プランを立てよう

---
**ねらい**

　座席配置は、一人一人の子供をよりよく成長させるための大切な支援です。子供が安心して学び、学校生活を送ることができるような教室の座席配置を工夫しましょう。

---

## 📖 座席配置が学習環境と人間関係をつくる

　座席配置は、子供にとっても重要な関心事です。誰と隣になるのか、座席の位置はどこかなど、どの子供も気になるでしょう。座席配置は、子供をよりよく成長させるための大切な支援になります。教師は、ねらいを明確にして座席を配置しましょう。子供たちが「先生が勝手に決めた」と感じないよう、「座席替えは、みんなが友達と協力しながら、落ち着いて学習や生活に取り組むために行う」という座席替えの意義を伝えることが大切です。

　大事なポイントは、一人一人が学習に集中して取り組むことができるようにすることです。廊下側や窓側になると姿勢が乱れてしまう子供、教師からの距離が遠くなると集中できない子供などもいます。一人一人の子供の状況を考慮し、安心して学習に臨むことができるように座席を配置しましょう。

　また、**座席配置は子供同士の人間関係を深めるための支援にもなります。**休み時間などいつも一緒にいる子供同士、座席が近いと集中できない子供同士、日頃あまり交流がない子供同士など、子供たちの状況を把握し、よりよい人間関係づくりをねらいとした座席配置をすることも大切になります。

　視力や聴力が弱い子供、特に刺激に弱い子供などについては、保護者と連携を図った上で、配慮して座席を決めます。

## 座席表シート

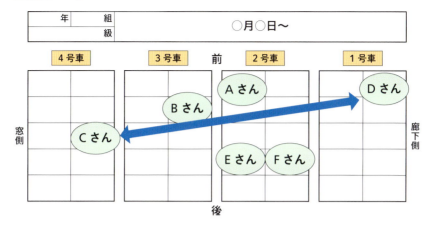

〈一人一人が学習に集中して取り組むことができるように〉

廊下や窓側になると姿勢が乱れがちなBさんは、黒板に対して真っすぐ座れる座席にしよう。

最近視力が落ちてきたAさんは、保護者と連絡を取って、一番前の座席にしよう。

〈よりよい人間関係を築くことができるように〉

CさんとDさんは、最近口げんかが多いから、しばらく座席を離して様子を見よう。

EさんとFさんには、お互いのことをもっと知ってほしいな。座席を近くにしてみよう。

――― ここがポイント ―――

❶ 1年間を見通して、座席配置プランを立てましょう。子供には、座席配置の方針や座席替えの時期・タイミングなどについて、あらかじめ知らせておくとよいでしょう。

❷ 座席替えでは、「『○○さんの隣は嫌だ』など、友達を傷付ける言動は決してしない」「座席移動したら『よろしくお願いします』と、相手の顔を見て挨拶する」など、人間関係をよりよくするためのルールを指導します。

自主的に活動する子供を育てる係活動コーナーの工夫

# 係コーナーで「係大好き」3年生にしよう

> **ねらい**
>
> 1、2年生の経験から、自分の思いを生かし、係活動に思いや見通しをもって取り組めるようになる3年生。子供たちが自主的に活動を進められるように、環境を整えましょう。

## 「自分でできる、自分たちで頑張れる」環境をつくる

　3年生になると、次第に自分の考えで判断し行動する自立心が出てきます。中学年は、何事にもやる気を見せる時期でもあります。この時期の子供の特性と、自分の得意なことを生かして学級生活の向上に貢献するという係活動のよさを生かして、子供たちの主体性を大いに伸ばしましょう。そのためには、子供たちが**「自分たちだけでも活動を進めることができる環境づくり」**が必要です。

　係活動に必要なものをいくつか挙げます。

> ①月ごとの活動予定表
> ②係からのお知らせができる掲示版（ミニホワイトボードや背面黒板の活用）
> ③画用紙などの紙類やペン、のり、テープ

　これらは、場所を決めておくだけでなく、子供が見やすく、取り出しやすい場所にあることが大切です。また、係活動の話合いを記録する係ノート、各係の用具を保管する引き出し、箱など、その係だけの特別感をもてるようにすると、子供のやる気も一層高まります。

第1章　ちょっとひと工夫！　3年生の教室環境づくり

係の子供たちだけでなく、学級全員に見てもらうことが大切。

使いやすく、片付けやすい道具コーナーに。

**係ボックス**：係活動で使うペンや作成途中の係新聞などを入れておきます。係ごとに一つのボックスなので、活動しやすく、片付けやすいです。

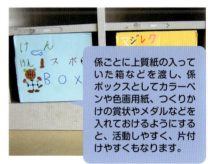

係ごとに上質紙の入っていた箱などを渡し、係ボックスとしてカラーペンや色画用紙、つくりかけの賞状やメダルなどを入れておけるようにすると、活動しやすく、片付けやすくもなります。

――― ここがポイント ―――

❶掲示物も道具も、子供の手の届くところにあることが大切です。特に予定表などは互いに各係の活動を知るためにも、子供の見える高さに掲示するようにしましょう。文字の大きさにも気を付けて書くように指導しましょう。

❷ペンやホワイトボードなどは自由に使えるようにしても、きちんと片付けることが大切です。それらに番号を付け、係ごとに決まった道具を使うようにすると、使い終わったらもとの場所に片付けるという責任ある行動につながります。ルールや約束を決めて守るように指導することも大切です。

指導のねらいを明確にした外国語活動コーナーづくりの工夫

# コミュニケーションのポイントを掲示しよう

## ねらい

3年生から始まる外国語活動。子供たちが楽しく学ぶことはもちろん、学級経営にも生きる活動になるように、指導のねらいを明確にした外国語活動コーナーをつくりましょう。

## コミュニケーションのポイントを明確に示す

　学級経営を進めていく上では、子供同士がどのように友達と関わり合っていくかが重要になってきます。使う言葉や表現が同じであったとしても、聞き方・伝え方が変われば、人間関係に及ぼす結果は異なったものになるからです。その意味で、3年生から始まる外国語活動において、コミュニケーションの取り方を意識しながら人と関わろうとする態度を養うことは大切です。

　外国語活動でよりよい人間関係を築いていくためのコミュニケーションのポイントとして、**「表情」「スマイル」「アイコンタクト」「話し手への反応」「声の明瞭さ」「ジェスチャー」**等（ここでは「フレンドリーポイント」とした例を示しています）が挙げられます。これらのポイントは、子供たちの実態やねらいに応じて、教師が絞り込んでおく必要があります。コミュニケーションのポイントは、教師が実際に子供たちとのコミュニケーションの中で示すことが大事ですが、日常生活の中で子供たちが自然に意識できるように、見て理解できる外国語活動コーナーをつくって掲示すると効果的です。

第1章 ちょっとひと工夫! 3年生の教室環境づくり

コミュニケーションのポイントの掲示物例

外国語活動の授業の際に、よりよいコミュニケーションのポイントについて、「実際にやってみたこと」(チャレンジ)と「相手からされてうれしかったこと」(フレンドリー)があったらシールを貼ります。この掲示物を授業時間だけでなく、日常生活の中で意識できるように掲示しておきます。

―――― ここがポイント ――――

❶ 最初から「あれも、これも」とポイントをたくさん示さず、指導のねらいを明確にして絞り込むことが大切です。外国語活動の学習の中で聞き方や伝え方等について実践し、子供たちと話し合いながら、新たなポイントを少しずつ付け加えられるようにするとよいでしょう。

❷ シール等を活用して、実際にやってみたこと(上の写真では黄色=チャレンジ)や、相手からされてうれしかったこと(上の写真ではフレンドリー=ピンク)などの効果を視覚化できるようにすると、子供たちの意欲が一層高まります。

教師のねらいや意図を明確にした教室掲示の工夫

# 教室掲示を教師からの「メッセージ」にしよう

> **ねらい**
>
> 日常的に目にする教室の掲示物は、子供たちにとって大切な教育環境です。教室掲示は、教師のねらいや意図、思いや願いなどを子供たちに視覚的に伝える「メッセージ」になるからです。そこで、「メッセージ」としての教室掲示について考えてみましょう。

 ## 教師のねらいや意図を明確に

一般に、教室にはたくさんのものが掲示されています。様々な目標のポスター、学年だより・学級通信、係活動の計画表、子供の作品、学級生活や学習の足跡など、たくさんのものが限られたスペースに貼られていることでしょう。

これらは一つ残らず、教師の教育的なねらいや意図、思いや願いなどを伝える「メッセージ」です。そこで、

- なぜ、これを掲示するのか
- どこに、どのように、いつ掲示すれば効果的か

などについて考え、工夫することが大切です。

掲示物が多すぎると、情報量が多すぎることになるので、受け手である子供たちは混乱します。また、掲示物を長期間貼りっぱなしにしてしまうと、子供たちにとって日常的な風景となってしまい、肝心の「メッセージ」が伝わらなくなってしまいます。もちろん、年間通して掲示することに教育的意義があるものもあるでしょう。大切なのは、教室掲示についての教師のねらいや意図を明確にすることです。

第1章　ちょっとひと工夫！　3年生の教室環境づくり

みんなで協力してつくった学級のシンボル。年間を通じて掲示します。学級目標にある「協力する」ということの意義を、具体的なメッセージとして子供に伝え続けます。

学級の歴史を記したカレンダー。毎月子供たちがつくったものを重ねて掲示していきますが、学期末や学年末などの機会に、期間限定で教室中に掲示します。みんなで感想を語り合うなど、学級生活を振り返り、次へ生かします。

係活動の計画表（ポスター）。一人一人の役割を明確にし、みんなで分担、協力して学級生活をつくっていることが伝わるようにします。みんなへのお知らせ等は、適宜貼り替えたり、重ねたりして、子供の手によって更新することが大切です。

―― ここがポイント ――

　長期間掲示するものと、短期間掲示するものとに分けて考えましょう。目標などは年間通じて掲示する、係活動の計画表や子供の作品などは期間を決めて掲示する、など。みんなで振り返り、頑張ってきたことや学級生活が向上してきたことに気付くことにより、前向きに頑張る力につなげます。例えば、壁面に掲示している「○○係さんへ」など、係へのアドバイスや感想などを掲示して交流できるようにすると、活動が活性化します。

子供の自主的、実践的な活動を活性化させる掲示物の工夫

# 掲示物で係活動を活性化させよう

## ねらい

係活動の掲示物を工夫することを通して、一人一人の子供が、友達に認められ、自分たちの係活動をもっと工夫したいと思えるようにしましょう。

## 「もっとやりたい！」と思える係活動の掲示物の工夫

「係活動にもっと意欲的に取り組んでほしいな」と教師としては思うものですが、低学年での経験の違いなどにより、何をどのように取り組んだらよいか迷う子供もいます。特に中学年の子供たちは、一度係活動の楽しさが動き出すと、夢中になって次から次へと活動をつくっていくことが多いようです。ここでは、係活動の掲示物の工夫について紹介します。

### STEP 1 自信がもてるように、認め合える場面を広げる

最初は、係の中で頑張って活動していた友達にカードを送り、もらった

係の中での認め合い　　　　　　　学級の中での認め合い

カードを掲示します。次に、係以外の友達から頑張って活動していたことをカードに書いて送ります。少しずつ広げることで、自分の活動を友達が見てくれているという思いが高まるようにします。

　活動を終えた後、できるだけ早い段階で認め合えるように声をかけることが大切です。係活動は、学級のみんなのためにしている活動です。学級の友達にカードを送り合う場をもつことで、お互いの活動に意識が向きます。

### STEP 2　係へのアドバイスカードやメッセージをつくる

### STEP 3　カレンダーを活用する

　係活動が活性化してくると、例えば、遊び係とスポーツ係の企画した時間が同じになるなど、活動時間が重なってしまうこともあります。そこで係の活動時間を確保するために、いつ、どこで、何をやるかが分かるように係用のカレンダーをつくって活用します。

係ごとの企画が書いてあるカードを貼るなどします。

――― ここがポイント ―――

　教室の背面黒板等を活用して係活動コーナーをつくり、子供たちが自主的に掲示物を貼ったり更新したりできるようにして学級文化の創造につなげます。

学習のつながりが見える掲示物の工夫

# 学習の足跡を掲示物で残そう

## ねらい

各教科等の学習で使ったものを掲示物として残すことで、学びを蓄積し、次の学習につなげていくことができるようにしましょう。

## 学んだことを蓄積し、生かす

「前の授業でやったことを確かめよう」と、授業の最初に確認することがあると思います。そのときに子供の手がかりになるのが、前の時間に使ったノート、そして掲示物です。子供には、学習は少しずつ積み重ねていくことで力になるということを実感してほしいものです。

そこで、**授業の中で使ったものを掲示物として残し、無理なく学習の足跡をつくる方法を紹介します。**子供の継続的な学びのために掲示物を活用しましょう。

### 社会科の掲示物

3年生のまち探検で見付けてきたことを共有します。学区の地図を拡大しておき、探検をするたびに書き込み、まとめます。まちの全体の様子をまとめやすくなります。

### 算数科の掲示物

問題を提示してから、自力解決をしているときに書きます。一人一人の考えを共有したいときに使います。

①考えを発表してほしい子供に、A3の大きさに印刷した紙を渡します。
②子供が考え方を大きく書きます。
　その際、紙には罫線を書いておき、字が小さくならないように、書く位置が分かるようにします。
③学習で発表し、使ったものをそのまま掲示物に生かし、教師がまとめを書きます。

▼ A3用紙

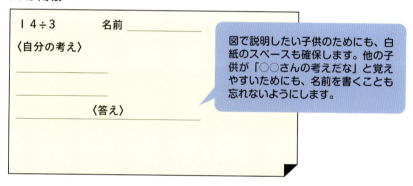

図で説明したい子供のためにも、白紙のスペースも確保します。他の子供が「○○さんの考えだな」と覚えやすいためにも、名前を書くことも忘れないようにします。

授業の中で活用したら、そのまま掲示し、貼り重ねていくようにします。たくさんの学習の足跡ができ上がります。ミニホワイトボードを活用するのもよいでしょう。

――― ここがポイント ―――

❶学習は積み重ねていくものという意識を、教師自身がもちましょう。掲示物は、次の学習への足がかりになります。
❷授業の中で、学習の足跡をつくることができるように工夫しましょう。「後で掲示物をつくろう」と思うより、授業で使ったものを活用しましょう。

作品のテーマやめあてを明確にして掲示する工夫

# 作品を見るポイントを明確にして掲示しよう

### ねらい

図画工作や書写等の作品を掲示する際に、作品のテーマやめあてを一緒に掲示して作品を見るポイントを明確に示し、鑑賞や次の作品づくりに向けた、学習意欲の向上につなげましょう。

##  作品のテーマやめあてを明確に

　図画工作の時間、子供たちは、それぞれの作品づくりに夢中で取り組みます。同じテーマや素材で取り組んでも、子供によって様々な工夫をした作品ができ上がります。「〇〇さんの作品はすごいな」「次はこんなふうにしたいな」というように、友達の作品に見入っている子供もいます。作品のできばえだけではなく、**友達の作品のよさを見付けたり、次の作品づくりの意欲を高めたりしたいものです。**

　そこで、ここでは、作品を展示するときに、作品の見るポイントを明確にしたり、作品を見たくなったりするような工夫を提案します。

#### 平面の作品を掲示するとき

　一人一人の作品に名札を付けると同時に、**作品テーマと見るポイント**を掲示しましょう。「ここを見たい」「〇〇さんの作品のこんなところがすてきです」など、作品のよさを具体的に表現できます。また、製作した子供が「〇〇の微妙なバランスを見てください」など、見てほしいポイントを書くのもよいでしょう。なお、掲示する際は、表したい感じが似ている作品が上下左右にならないように配慮します。また、色合いも考えて掲示しましょう。

第1章 ちょっとひと工夫！ 3年生の教室環境づくり

▼「作品を見るポイント」の掲示例

> のこぎり
> ひいて、
> ザク、ザク、ザク
>
> ギコギコのこぎり、たのしいな。角ざいをまっすぐに切ったり、ななめに切ったり。つなげて、重ねて、合わせてみたら、たのしいなかまが生まれてくるよ。

友達はどんなふうに切ったりつなげたりしているかな？ どんな仲間をつくっているかな？

### 立体の作品を展示する場合

　作品のテーマ自体を立体で表現してはどうでしょうか。どんな素材を使ったかが伝わりますし、見るときもわくわくし、保護者や地域の方も楽しめます。教師も一緒に楽しむような掲示を工夫してみましょう。

実際に手袋や靴下を使いました。不織布で看板をつくり、廊下全体を作品展示会場にするように、天井に取り付けました。

──── ここがポイント ────

　どんなめあてで取り組んだ作品かが分かるようにします。作品と一緒にテーマやポイントを分かりやすく掲示することで、鑑賞のポイントの指導にもつなげることができます。教師自身も楽しみながら、掲示や展示の工夫をしましょう。つくっても、見ても、飾っても楽しい環境づくりを心がけます。

学級文化をつくるオリジナル掲示物の工夫

# 教室を「思い出のアルバム」にしよう

---

**ねらい**

学級の思い出いっぱいの掲示物を工夫することで、学級への所属感、連帯感を得られるようにしましょう。

---

##  掲示物にストーリーをもたせ、学級の成長が分かるように

「私がやりたい」「ぼくが配る」と何でも意欲的に取り組む3年生。自分を見てもらいたい、自分が褒められたいという思いでいっぱいです。そんな自分のことに一生懸命な3年生も、学級の思い出がたくさん詰まった掲示物を工夫することで、少しずつ集団のよさを実感することができるようになります。

学級目標の掲示は、常に意識できるようにと黒板上部に掲示すると、授業中に気になってしまう子供もいます。そこで図のように、**入口の対面に掲示すると、授業中に気になることが少なくなります。出入りするたびに目にすることができるので、学級目標を意識することにつながります。**また、矢印の起点を4月、学級目標の位置を3月のゴールとして、学級みんなで取り組んだ集会や行事に関連した掲示物を順に掲示することで、学級生活が向上した様子を表すこともできます。

掲示物のテーマを統一したり、配置を工夫したりすることで、学級への所属感や連帯感を感じることができるようにしましょう。

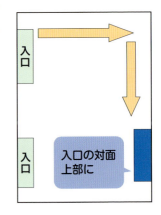

第1章　ちょっとひと工夫！　3年生の教室環境づくり

▼学級の思い出の掲示例

学級活動や学校行事のめあてや振り返りが書かれた模造紙を、時系列に掲示します。

模造紙は、行事は青、集会は白など色分けします。

集合写真は、上の模造紙とリンクするように、下に掲示します。写真なので、顔が見えるように見やすい高さに貼ります。

日々の学級の成長が分かるように、学級のマークなどに書き入れてためていきます。

― ここがポイント ―

❶ 掲示したい内容に合わせて、大きさや色、形、材質を統一すると、学級の生活の向上が分かりやすく見やすい掲示になります。1年を通して掲示を積み重ねていくのですから、いつどんな内容を掲示するか、この掲示物で何を伝えたいかを明らかにした掲示計画を立てます。

❷ 学級の歴史は、個々の力が集まってつくられてきたものです。全体写真やまとめられた振り返りの言葉だけでなく、年度はじめの学級への思いなどは個人のものが分かるように掲示しておきましょう。一人一人を大切にした掲示物になるように心がけたいものです。

第2章

これで完璧！
3年生の
学級づくりのコツ

1年間を通して意図的・計画的な学級づくりするために

# 学級づくりの「夢」を描こう

---
**ねらい**

子供同士が協力して楽しい学級生活を築くことができるように、学級担任として1年間をよく見通し、学級経営の構想を立てましょう。

---

##  1年間の学級のストーリーを構想する

　学級経営のスタートに当たり、まずは教師自身が、「どんな学級にしたいのか」というイメージをもちます。ノートに書いたり同僚と話したりし、楽しく「夢」を描きましょう。そのためには、**1年間を見通した学級経営の方針を考えることが大切です。** 学校教育目標の下、3年生としてどのような力を身に付ければよいのか（学年教育目標）を踏まえて考えます。

　まずは、1年後に目指す子供の姿を思い描きます。そして、各学校ですでに決まっている学校行事や児童会活動などの年間の予定を確認し、学期ごとの指導のねらいを考えます。また、各教科等の年間指導計画を確かめ、教科間の関連を図ったり、年間を通した手立てを考えたりします。

　3年生では、社会科、理科、総合的な学習の時間などの学習が始まるため、より年間を見通すことが重要です。年度初めに立てた学級経営の方針の下、子供の実態を把握し、学級経営案につなげていきましょう。

係活動で子供が自分たちで楽しいクラスをつくっていけるようにしたいな。そのために1学期は……。

## 学級経営の構想ノートの例

| 学期 | 指導の ねらい | 学校行事 児童会活動 | 学級活動 | 道徳 | 教科学習 | 総合的な 学習の時間 |
|---|---|---|---|---|---|---|
| 1学期 | 知り合う | 始業式 / 1年生を迎える会 / 遠足 | ・係決め ・よろしくね集会 ・学級目標 ・係発表会 | めあてをもって | （社）まちたんけん | まちの自まんを見付けよう |
| 2学期 | 関わり合う | 運動会 / 読書週間 / 人権週間 | ・係パワーアップ週間 ・友達のよいところ見付け | ・友達と仲よく | （体）運動会に向けて （国）三年とうげ | |
| 3学期 | 認め合う 高め合う | 学習発表会 / 6年生を送る会 | ・係活動まとめ ・3年1組お別れ集会 | ・感謝の気持ち | | 学習発表 |

学級集団づくりのおおまかな指導のねらいを示す。

関連が図れるものを矢印でつなぐ。

学校で予定が決まっていることから埋めていく。

━━━━━ ここがポイント ━━━━━

❶ 学級経営の構想をもって日々の学級経営に臨むと、子供や学級の実態が見えてきます。一人一人のその子供らしさをとらえ、その実態をもとに指導を考えましょう。

❷ 3年生になると、学級の中の友達との関わりが広がります。子供同士の人間関係によって、学級集団の質が高まっていきます。一人一人の子供を見つめるとともに、集団づくりの視点も大切にしましょう。

❸ 学校や学年の指導方針の下に、自分がどんな学級経営をしていきたいのかを考えることが大切です。学年主任や管理職に相談をしながら構想しましょう。

みんなで目指す学級像を共有するために

# 学級の「合言葉」をつくろう

### ねらい

学級づくりのねらいの一つは、一人一人の子供が主体的・協働的に学んだり行動したりできるようにすることです。そのためには、子供たちが「目指す学級像」を共有することが大切です。ここでは、その手立てとして「合言葉」づくりについて考えてみます。

## 世界で一つだけのオリジナル「合言葉」に

年度当初、学級担任は、学校教育目標と学年教育目標に基づき、学級目標（学級経営目標、学級教育目標等と呼ぶ学校もあります）を設定します。これは、教師の願い、保護者の願い、地域の願い、そして子供の思いを踏まえたもので、学級活動等を通して子供たちと共有していきます。

一方で、この学級目標を踏まえた上で、子供たちが「目指す学級像」をより具体的にイメージし、共有するための手立てとして、学級の「合言葉」（あるいはテーマ、スローガン等）を決めるという自主的、実践的な取組も見られます。この「合言葉」も含めて学級目標と呼んでいる学校もあります。いずれにしても、教師が設定する学級経営目標、学級教育目標等を明確にし、それを子供に伝え、共有しておく必要があります。

**「合言葉」を学校生活の様々な場面で活用し、みんなで協力して「目指す学級像」に近付いていくというイメージをもつことができるとよいでしょう。**

学級の「合言葉」に基づいていろいろな活動に取り組むことは、その学級ならではの文化につながります。世界で一つだけのオリジナルな「合言葉」をつくり、学級生活を豊かにしたいものです。

第2章 これで完璧! 3年生の学級づくりのコツ

## みんなの島の伝説の鳥　ファイヤーバード

「みんなで協力して、火のように燃えて何事にもチャレンジすることを目指す」という意味が込められています。

## ドリームワールド　ザ・33

「33人が挑戦し、協力するという夢の世界をつくる」という意味が込められています。

―― ここがポイント ――

❶ 学級目標（学級経営目標、学級教育目標等）や教師の願いを、教師の話や行動、日常の指導等を通して子供たちに伝え、共有した上で、子供たちの思いを生かして合言葉をつくることが大切です。

❷ 決めただけで活用しなければ、「絵に描いた餅」になってしまいます。学級活動や学校行事をはじめとして、日常の学校生活の様々な場面で活用していきましょう。

朝の会・帰りの会で意図的・計画的な指導をするために

# 朝の会・帰りの会は自信を付けるチャンス
## ～継続は力なり～

**ねらい**

朝の会・帰りの会の特質である継続性等を生かして、特に人前で話す経験を積み重ねられるようにしましょう。

## 朝の会・帰りの会で、人前で声を出す経験を積み重ねる

1日のスイッチを入れる朝の会、自分の頑張りや成長を振り返る帰りの会。朝の会・帰りの会のよさは、様々な形で、毎日必ず全員が人前で話す機会があるということです。

**3年生として気を付けたいことは、安心して話せるように台本や型を用意すること、はじめから完璧を目指さないことです。**やる気もあり、教師の指導も素直に受け入れる3年生ですから、レベルが高いことを要求しがちです。しかし、話すことに苦手意識を覚える子供は少なくありません。個人差が大きいことを踏まえて、継続的に経験を積むことで、個人差が解消されることを目指して、根気強く待ちながら続けるとよいでしょう。

そのために、日直には台本を用意し、はじめはそれを見ながら進行できるようにします。スピーチは、はじめの頃は自由に話ができるようにし、次第に、あらかじめ原稿を書いて読む、なるべく暗記して話す、全部暗記して話す、実物を見せながら話す、1分間は必ず話すなど、テーマを変える度にレベルを設定し、子供たちが選択できるようにすると、無理なく行うことができます。スピーチの後には、「国語の学習を生かしていたね」「前より大きな声で話したね」など具体的に褒め、やる気を引き出しましょう。

「今月の歌」に加え、学級活動で話し合って決めた「学級の歌」を歌うのもよいでしょう。

クラスや友達のよいところを振り返るコーナーです。いつも同じ子供にならないように留意しましょう。

名前を呼ばれたら「ハイ、元気です」「ハイ、眠いです」など、健康状態を自分で言えるように。必ず全員が1日1回発表できます。

「さようなら」の後、クラス目標をみんなで言うと、楽しく1日を終えることができます。朝のあいさつのときも1日のスイッチが入ります。

── ここがポイント ──

❶「先生の話」では、子供たちの話す力を育てるために、教師がよいお手本となりましょう。「先生の短い話」と題して、30秒ほどで終わるスピーチを組み立てます。日常の疑問、ニュースのこと、通勤途中で発見したことなど、子供たちは教師の話で朝の会や学校が楽しみになります。

❷ 1日過ごしていると、反省点が多くなりがちです。つい子供に指導してしまいがちですが、帰りの会で指導されてもすぐに改善することはできません。ぐっとこらえて次の日の朝に伝えましょう。よいところをたくさん褒めて、気持ちよく帰れるようにします。

自己有用感を高められるような「日直」にするために

# 楽しくうれしい「日直」にしよう

---

**ねらい**

1、2年生でも取り組んできた日直の仕事。これまでの経験を生かして自主的に取り組み、認め合うことを通して、一人一人の子供の自己有用感を高めるようにしましょう。

---

##  役割を果たす喜びを感じられるようにする

日直当番の日。それは、3年生の子供にとって、いつもとは違う特別な日です。そんな1日を、もっと特別で、楽しくうれしい1日にしましょう。

日直の楽しさは、役割を果たす喜びを感じることです。自分が取り組んだことが学級みんなの役に立ち、喜んでもらえる、と実感したとき、日直の1日が楽しくうれしいものになるでしょう。日直は、一般的に学級みんなが輪番で取り組むものです。したがって、誰もが必ず経験することができます。つまり、学級の誰もが、役割を果たす喜びを感じることができるのです。

そのためには、**一人一人が「できた」と感じることができるように指導します**。例えば、2年生までに経験してきたことを生かし、3年生の子供が自分自身の力で取り組むことができるような活動内容にすることが大切です。また、何に取り組めばよいかを一人一人が具体的に分かるようにすることも大切です。朝の会・帰りの会の司会マニュアルを用意したり、日直の仕事チェック表を活用したりするなど、指導を工夫しましょう。

さらに、取り組んだことを教師や友達に認めてもらう場をつくるなどの工夫も必要です。教師や友達に「ありがとう」と言われるようにする指導が必要になります。まず、教師が率先して「ありがとう」と声をかけましょう。

## 司会マニュアル（例） / お仕事チェック表（例）

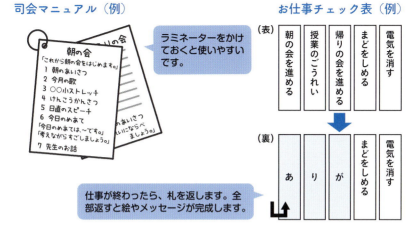

## 日直の仕事（例）

- 朝の会・帰りの会の司会
- 授業開始と終わりの挨拶
- 「いただきます」の挨拶
- 窓の開け閉め
- 黒板の文字を消す
- 配膳台をふく
- 朝の掃除をする
- ゴミ捨てに行く
- 黒板の日付を変える
- 机・椅子の整理整頓　など

　日直の人数など、学級の実情に応じて活動内容を決めましょう。子供の負担が大きすぎると、「できた」という喜びを感じられなくなります。

―― ここがポイント ――

❶みんなのために1日頑張った「日直さん」のことを、みんなで褒める場をつくりましょう。はじめは教師が日直のよさ、頑張ったところなどを示し、徐々に子供同士で見付けられるようにします。「できた」「みんなのために頑張ってよかった」という気持ちが一層増し、自己有用感や学級への所属感を高めることにつながります。

❷日直の仕事は「当番活動」です。全員が輪番で経験するようにします。掃除当番や給食当番も含めた「当番活動」と「係活動」との違いをしっかり指導することが大切です。

当番活動で自己有用感や所属感を高める工夫

# 当番活動で一人一人の役割を明確にしよう

**ねらい**

一人一人の子供が、自分の役割を理解して当番活動に取り組むことを通して、自己有用感や学級への所属感を高めることができるようにしましょう。

## 自分の仕事が分かる！ できる！

学級の当番活動で一般的なのは、給食当番、掃除当番、日直ですが、それ以外にも「一人一役」などの役割をつくり、学級を支える仕事を明確にすることで、「学級生活で自分が役立っている」という実感を味わうことができます。また、2年生までは、係活動の中に当番的な仕事（電気を付ける、黒板の文字を消すなど）があるかもしれません。3年生では、係活動と当番活動を明確に分け、係活動では創造的な活動内容について指導します。

ここでは、給食当番の仕事分担例と、「一人一役」の当番活動を紹介します。これらの活動を通して、子供たちが、学級のために役立っているという実感をもったり、学級の一員として働く喜びを感じたりできるようにすることが大切です。**「自分の仕事を責任をもってできた！」「友達のために働くことができた！」**と、毎日の積み重ねの中で実感できるように指導します。

### 給食当番

仕事分担表をつくって掲示し、誰が何の仕事をするかについて、確認できるようにします。その際、同じものを運ぶペアの友達も週によって変えるように配慮し、誰とでも協力して活動できる子供を育てるようにします。

〈仕事分担表の例〉

3年○組　きゅう食当番

| 日にち | 4/11〜4/14 | 4/17〜4/21 | 4/24〜4/28 | 5/1〜5/2 | 5/8〜5/12 | 5/11 |
|---|---|---|---|---|---|---|
| グループ | A | B | A | B | A | |
| 1 食器 | | | | | | |
| 2 食器 | | | | | | |
| 3 食器 | | | | | | |
| 4 食器 | | | | | | |
| 5 トレイ | | | | | | |
| 6 トレイ | | | | | | |
| 7 ぎゅうにゅう | | | | | | |
| 8 ぎゅうにゅう | | | | | | |
| 9 パン・ごはん | | | | | | |
| 10 パン・ごはん | | | | | | |
| 11 小さいおかず | | | | | | |
| 12 小さいおかず | | | | | | |
| 13 大きいおかず | | | | | | |
| 14 大きいおかず | | | | | | |
| 15 ペーパー | | | | | | |
| 配ぜん台 | | | | | | |
| ぎゅうにゅうパック洗い | | | | | | |

着替えはすばやく3分！　自分の役割にていねいに取り組もう！！

## 「一人一役」の当番活動

〈仕事例〉

・電気を消す（付ける）　・窓の開閉　・朝の歌のCDを流す
・黒板の文字を消す（1・2時間目など時間で区切る）、など

　※学級の子供の数が30名の場合、30の仕事をつくる。二人組で協力して活動することをねらう場合は、15の仕事をつくる。

　※日直と「一人一役」の当番との役割の違いを明確にする。日直は、朝の会・帰りの会の司会のみを行うなど。

**POINT！**

――――― ここがポイント ―――――

　役割分担の一覧表を掲示するねらいは、自分自身の役割を確かめるとともに、自分以外の友達が何の役割を果たしているかについても分かるようにすることです。そのことを通して、みんなで協力して学級生活をつくっているという実感をもつことができるようにしましょう。

係活動で学級生活を楽しく豊かにする子供を育てるために

# 係活動の指導を工夫しよう

## ねらい

係活動は自ら活動内容を考え、友達と協力し、工夫して学級生活を楽しく豊かなものにしていこうとする自発的、自治的な活動です。子供たちが自主的、実践的に取り組めるように、係活動の指導を工夫します。

 ## 係活動の指導ははじめが肝心

まず、「係活動は、自ら活動内容を考え、友達と協力して学級生活を楽しく豊かなものにしていこうとする活動である」というめあてや係活動の意義を確かめます。その際、当番活動と係活動の違いについても指導します。

次に、子供の思いや願い、学級の状況や学級目標等から「あったらいいな」と思う活動や係を考えます（例えば、「イラストで教室を飾りたいな」など）。その際、2年生までの活動経験を参考にするとともに、学級の実態によっては、教師が活動例などについて助言するとよいでしょう。

さらに、出された意見から係を決定します。創意工夫できる活動か、学級が楽しくなるかなどを考えながら、学級会で子供が話し合って決められるようにします。そして、係の所属、係名、活動計画などを決めていきます。**係の所属では、小集団で協力して活動できるように、少なくとも3人以上の人数で構成するようにします。希望人数が多い場合は、一つの係を2グループに分けるなど工夫しましょう。**また、係活動カード等を使って、係名を決めたり活動計画を立てたりします。係名は、子供たちの創意工夫を生かすために工夫します。子供たちが自主的、実践的に係活動を行えるように、教師が活動の場や時間を確保し、必要な物を準備しましょう。

第2章 これで完璧！ 3年生の学級づくりのコツ

## 係活動の指導の工夫例

その1：係カードをつくって掲示しよう

（例）
**ハッピースマイル遊び係**
北山太一
西野さくら
本田歩

めあて
※「たくさん遊びを計画して、みんながなかよくなるようにする」などのように学級を楽しくゆたかにするかがわかるようなめあてにする

活動内よう
※「まずはじめに、何を、いつやるか」分かるようにする

その2：係のネーミングを工夫しよう

遊び係→ハッピースマイル遊び係
飾り係→教室デコレーション係
音楽係→わくわくミュージック係
読み聞かせ係→ブック大好き係
新聞係→2組発！ 情報おとどけ新聞係
クイズ係→クイズ・なぞなぞパーク係
生き物係→生き物ふれあい係　　など

創意工夫のある活動にするために、係のネーミングを工夫します。オリジナルの係名が活動意欲を高めます。ただし、何の係だか分からないものは避けます。

その3：係掲示板をつくろう

その4：係発表会をしよう

係コーナーには、係からのお知らせやイベント情報などを掲示します。各係の活動の様子や工夫しているところを見合うことで、活動の質が高まったり、意欲が向上したりします。

係ごとに活動を報告したり、みんなを楽しませるゲームや体験などを行ったりします。活動後は、「ありがとうカード」を書いて交換することで、互いのよさや頑張りを認め合うことにつながります。

―― ここがポイント ――

　子供たちに係活動のめあてや意義を指導する際、例えば、「友達と協力すること」「活動内容を工夫すること」「学級やみんなのためになる活動をすること」「活動している自分たちも楽しい（やりがいがある）こと」など、具体的なポイントを伝えるとよいでしょう。

集会活動で学級生活を楽しく豊かにする子供を育てるために

# 世界に一つだけの集会にしよう

> **ねらい**
> 多様な集会活動によって、子供たちが創意工夫したり友達と協力したりして、学級を楽しく豊かにする過程を経験できるようにしましょう。

## 自分たちだけの集会をつくる

集会係の発案や議題箱等での提案カードなど、集会活動のきっかけは様々です。子供が「みんなで集会をやりたい」と自主的に提案できるようにします。

### 集会活動の流れの例

| | |
|---|---|
| 集会の提案 | 提案されたことを承認し、全員で集会を行うことを決定する |
| 集会のめあて | めあてに沿って活動を進められるようにする |
| 全体の計画 | 見通しをもって活動できるよう、活動全体の計画を立てる |
| プログラム | やってみたいことを出し合う。学級独自の内容があると楽しい |
| 役割分担 | 全員で役割分担をする。係活動を生かした分担もよい |
| 準備 | 役割ごとに計画を立てて、自分のやることを分かるようにする |
| 話合い | 準備の中で困ったこと、みんなで決めたいことを議題にする |
| 集会 | めあてを確かめて取り組む |
| 振り返り | めあてに基づいて振り返る。次の活動に振り返りをつなげていく |

### 集会のプログラム例

めあてを考えながらプログラムを構成します。基本的な流れは変えずに、繰り返し活動を行い、子供たちが自分たちでプログラムをつくることができるようにしていきます。

多様な種類と内容の集会を行いましょう。「みんなと協力して自分たちの思いを実現できた」という経験が自信となります。**「世界に一つだけ」**という特別感が、子供たちの意欲や自信につながります。

### ゲーム集会例

もととなるゲームのルールに工夫を加えます。名前もオリジナルにします。

| フルーツバスケット 何でもバスケット | ○○（学級目標や学級キャラクターの名前等）バスケット<br>・動く人の指定を○係・○号車・○班等に変える<br>・オニになったら、お題（自己紹介・集会準備で頑張ったこと等）について話す |
|---|---|
| ばくだんゲーム | ばくだんの代わりに学級キャラクターを回す<br>・ばくだんが当たったら、お題について話す<br>・ばくだんを二つにして、当たった二人がペアで何かをする |
| もうじゅうがりへ行こうよ | 3年○組へ行こうよ<br>・最初の歌も、集まる言葉も学級独自のものに変える |
| 宝さがし | ・宝をパズルのようにして、みんなでパズルを完成させる |
| 進化じゃんけん | ・進化するものを学級のキャラクターにする |

### 文化的集会例

発表したり、製作したりすることも集会活動になります。

| 音楽集会 | 手づくり楽器演奏会・グループ対抗歌合戦・合奏発表会 |
|---|---|
| 発表集会 | 劇の発表会（学級の思い出を劇にする）・音読発表会<br>紙芝居発表会・手づくりおもちゃ祭り<br>係発表会（係の取組や、係の特性を生かした発表を行う） |
| 季節行事集会 | お月見集会（川柳大会）・手づくりかるた大会・七夕ランチ集会 |
| ○○大会 | 紙飛行機大会・とんとんずもう大会<br>クイズ大会・お絵かき大会（個人作品、全員作品） |

### スポーツ集会例

経験を生かして内容を考えたり、実際に試しながらルールをつくったりすることで、自分たちだけの活動に結び付きます。

| ミニ運動会 | 聖火リレーや応援合戦、開閉会式、表彰なども行う |
|---|---|
| リレー集会 | 全員が選手になる<br>チーム分けや、走る距離なども自分たちで考える |

――――― ここがポイント ―――――

実行委員や集会係の子供が中心となって集会の企画運営をする場合、学級会で全員が活動計画について話し合ったり、一人一人が役割や出番をもつことができるように配慮したりしましょう。「学級みんなでめあてに向かって協力したら楽しい集会ができた」という経験が大切です。

保護者に子供の様子やよさを効果的に伝えるために

# 学級通信で子供の頑張りを伝えよう

> ねらい
>
> 学級通信は、学級や子供の様子やよさを保護者に伝えるとてもよい手段になります。保護者の信頼を得ることができるような、効果的な学級通信の工夫について考えてみましょう。

##  学級通信を発行するよさ

学級通信を発行するよさについて、次のような点が挙げられます。
○学校の子供の様子を保護者に伝えることができる。
○子供の作品や名前を紹介することで、一人一人のよさを伝え、意欲を引き出すことができる。
○教師の思いや願いを保護者に伝えることができる。

学級で今取り組んでいることや、そのときの子供の思いなど、タイムリーに学級の様子を伝えることができます。また、保護者が子供と話すときのきっかけにもなります。教師の思いや願いを伝えることで、保護者とともに子供を育てていこうという気持ちを共有することもできるでしょう。
　また、子供の作品を学級通信に掲載することは、保護者に伝えるだけでなく、子供たち自身の意欲を向上させることにもつながります。

## 学級通信の例

**タイトル**
　学級目標や合言葉を生かした名前にすると、子供も保護者も親しみやすくなります。

**内容**
　子供たちの様子を具体的に書きましょう。教師の思いは短く明確に書くとよいでしょう。

**写真**
　集合写真では全員が写っているかチェックしましょう。写真の掲載をしてもよいかなど、個人情報の観点からも保護者に確認することを忘れないようにしましょう。

**子供の活動**
　活動中の子供の様子を具体的に伝えましょう。写真があると、その場の雰囲気がより伝わりやすくなります。

子供の写真や作品を掲載する際には、各種のルールやガイドラインなどに従って、個人情報の扱いに十分に注意する必要があります。

――― ここがポイント ―――

❶毎週、毎月、不定期など、学級通信を発行する頻度をどれくらいにするか決めておく必要があります。大切なことは、決めたら年間を通して「続ける」ということです。発行することが目的ではなく、子供たちの生活や学習の様子、よさや頑張りが伝わることが大切です。無理のないよう行いましょう。

❷学級通信は学校から出される文書ですので、発行するときには必ず管理職に目を通してもらい、許可を得ることが大切です。

保護者の信頼を得る学年だよりにするために

# 読みやすく、分かりやすい学年だよりをつくろう

------- ねらい -------

学年だよりは保護者への大切な連絡手段です。誤字・脱字に気を付けることはもちろん、保護者が安心して読むことができるように、読みやすく分かりやすい学年だよりをつくりましょう。

##  学年だよりは「伝える」ために発行する

　学年だよりは、多くの学校では月に1回程度、学年の行事や学習の予定、お知らせやお願いなどを保護者に伝えるために作成します。内容に誤りがあったり、誤字や脱字があったりすると保護者に迷惑がかかるだけでなく、学校全体の信頼を失うことになります。よく確認をして、丁寧に作成していきましょう。また、学年だよりは、**「伝える」**ために発行するものですから、読み手を意識して読みやすく、分かりやすいものにしましょう。
　学年だより発行までの流れは、おおよそ次のようになります。

**■学年だより発行の流れ**
①学年主任を中心に学年の教師で、月の行事や学習内容の予定、お知らせする事項などの確認を行う。
②学年だよりの作成
　・リード文を書く：リード文には、時候の挨拶文、子供の様子や行事への参加のお礼などを書くとよい。
　・行事や学習の予定、保護者への連絡やお願いの事項を書く。
③学年主任、管理職の点検。
④必要に応じて修正する。
⑤印刷して配付する。
※決められた期日に確実に配付できるようにしましょう。

# 第2章 これで完璧！ 3年生の学級づくりのコツ

タイトルを学年で大切にしている言葉などにすると、目指している姿を教師・児童・保護者が確認できたり、愛着をもつことができたりします。

学習予定によって、保護者も子供も学習の見通しをもつことができます。図画工作の材料など、教科等や単元によって用意してもらう必要があるものを記載しましょう。その際、「いつ頃まで」という時期も併せて記します。

保護者はこの行事予定を見て、1か月間の見通しをもちます。特別な時程や給食の有無、下校時刻などを記しましょう。

保護者に準備してもらうものは、期限や個数なども記載するとよいでしょう。

― ここがポイント ―

紙面が文字ばかりになって、読みにくくなってしまうことがあります。また、教師が使う専門用語を使ってしまい、保護者に分かりにくくなってしまうこともあります。学年だよりの内容は、学校から保護者に向けてのメッセージなのですから、伝わらなければ意味がありません。読み手である保護者の立場に立って、読みやすく分かりやすい学年だよりをつくりましょう。また、必ず管理職に確認してもらってから発行しましょう。

057

話し方、聞き方で子供との信頼関係をつくるために

# 「その子だけの先生」になって聞こう

### ねらい

「聞いて、聞いて」の３年生。教師と子供との適切な距離感を保ちながら、共感、傾聴を心がけ、安心して話せる関係をつくりましょう。

##  子供の話は最後まで聞き、伝えたいことは短く話す

多くの３年生は自分の話を聞いてほしくて、時として教師の取り合いをすることがあります。例えば、「明日、ゲームを買ってもらうの」「こんなに漢字練習を頑張ったよ」などと、次々と話してくることでしょう。しかし、自分と教師しか視界に入っていないため、話の途中で割り込んでくる子供もいます。わざとではなく、本当に見えていないことが多いのです。

教師がそれにつられて、話の途中で他の子供の話を聞き始めては、子供は話す気持ちがなくなってしまいます。子供との信頼関係もつくれません。途中で他の子供が話しかけてきても、「今、お話しているからちょっと待ってね」と声をかけ、はじめに話をしていた子供から目をそらさずに最後まで聞きましょう。次の子供の順番になったときは、待たせてしまった分、とびきりの笑顔で話しかけて、最後まで話を聞きましょう。緊急の場合で、話を切り上げなければならないときは「先生、これからすぐに職員室に行かないといけないの。ごめんなさいね」などときちんと謝ってから話を終えます。

小さいことかもしれませんが、一人一人を大切にしていることを態度で示すことにもなり、この積み重ねが子供との信頼関係を築きます。子供たちも次第に順番を守るようになるでしょう。

**話すときは、教師は子供にとって最高の言語環境であることを常に意識し**

ましょう。例えば、教師が「です」「ます」で丁寧に話すようにすると、子供も自然と丁寧に話すようになり、適切な距離感も生まれます。

　また、3年生は語彙量に個人差があり、生活経験も浅いので、具体的に想像できるように話しましょう。「先生は、毎日、通勤途中にすごく長い階段を走って上がっていますが、今日、たまたまその階段ですごいことが起き、そのとき……」というように、一文を長くして話すと、分かりにくくなります。これを、「先生は毎朝、通勤途中に長い階段を走って上がります。とても長い階段です。1組から3組までの廊下と同じ長さです。これを毎日、走っています。そこで今日、事件が起きました」というように、具体的に想像でき、かつ短い文で構成できるようにすると、子供も興味をもって聞くようになります。**「話の内容が、聞いている子供の頭の中に映像として浮かぶように」**ということを心がけて話すとよいでしょう。

―― ここがポイント ――

　「話を最後まで聞く」ことは、人権尊重の面からも重要なことです。しかし、時間がないときなど、教師が子供の話を最後まで聞かず、先に子供の話をまとめてしまうことはないでしょうか。教師がまず率先して「話を最後まで聞く」ことを実践しましょう。

褒め方・叱り方で子供との信頼関係をつくるために

# 伝えたいことを意識して褒めたり叱ったりしよう

**ねらい**

褒めることも叱ることも、子供に指導したいことを伝えるメッセージであり、教師の大切な指導です。しかし、場当たり的に褒めたり叱ったりしては、子供との信頼関係はつくれません。子供の成長につながる「褒め方」「叱り方」について考えましょう。

## 褒め方のポイント
### 〜褒める材料を積極的に見付ける

**よいところを意識的に見付けて褒める**

日常の生活の中で、子供がよいことをしている場面を意識して見付けて褒めましょう。

また、他の子供には当たり前のことでも、その子供にとって頑張ったことも認めて褒めることが大切です。その子供の意欲を高めることにつながります。

**みんなのためになったことを積極的に褒める**

みんなの役に立っていることを見付けて褒めることは、その子供の自己有用感を高めることにつながります。また、みんなが気付かないようなところで頑張っている子供もいます。学級全体でそのことを話す場面をつくり、その子供のよさや頑張りを認められるようにします。

Aさんはいつも友達に優しくしてくれていますね。ありがとう。

Bさんが進んでノートを配ってくれて、みんな助かるよ。ありがとう。

第2章 これで完璧！ 3年生の学級づくりのコツ

## 叱り方のポイント
## ～ねらいや意図を明確に

### 基準を明確にする

「危険なことをしたとき」「人を傷付けたとき」「学校のきまりに反することをしたとき」など、**叱る基準を明確にしておきましょう。**その基準を子供に伝えておくことで、子供自身が考えて行動したり、互いに注意し合ったりするようになっていきます。ある行動を子供によって叱ったり、叱らなかったりしたのでは、不信感に直結します。

### 行為について叱り、「その子」を否定しない

その子供の思いは受け止め、してしまったことについて指導しましょう。「その子が悪い」のではなく、**「その行為が悪い」**ということを意識することが大切です。

―― ここがポイント ――

❶ 褒めるにしても叱るにしても、「タイミング」に注意しましょう。タイミングを誤り子供が納得できなければ、その指導は意味がありません。今すぐなのか、後でなのか、みんなの前なのか、個別に声をかけるのか。その場、その子供に応じて慎重に見極めることが大切です。

❷ 褒めたり叱ったりしたことで、その日のうちに保護者に伝えておきたいことがあった場合には、電話で直接話すようにしましょう。特に叱ったときには、「どんな状況だったのか」「何がよくなかったのか」「どんな指導をしたのか」を明確に伝えましょう。

❸ 先生に褒められる（叱られる）からする（しない）のではなく、自分で判断して行動できる子供に育てることを、教師が意識して指導しましょう。

こんなときどうする？　①泣いている子供がいたとき

# 「なぜ？」ではなく、「何？」を聴こう

> **ねらい**
> 友達とたくさん関わるようになる3年生。友達のことや家のこと、様々な理由で泣く子供たちがいます。泣いているわけや気持ちをどのように聴き、支援するかについて考えてみましょう。

##  まず聴き、示し、選ばせ、そして、見守る

　泣いている子供がいたらどうするか。何年生でも起こりうることです。どのように対応していくか、一つ一つ丁寧に対応していきます。

　まずは、**「聴く」**ことです。「どうしたのかな？　先生はとても心配しているよ」という姿勢が伝わるように、視線を同じ高さにしたり、話しやすいようにみんなから離れたところに移動したりと、本人の気持ちに寄り添うようにします。その上で、泣いているわけや気持ちを丁寧に聴きます。なかなか話さないからという焦りは禁物です。じっくりと話を聴くようにします。

　聴くときは、**「何が（を）？」**という問いかけがよいでしょう。「何があったのかな？」「何が嫌だったのかな？」と、問いかけます。「何が（を）？」という問いかけには答えやすいのです。逆に「どうして？」や「なぜ？」という問いかけには答えにくいので、避けましょう。わけを聴いたら、「なるほど、それが嫌だったんだね」などと共感し、**「では、こうしたらどうかな？」「こんなやり方はどう？」**と方法を提案し、示します。それらの中から本人が選び、実践できるようにします。そして、教師はその実践している様子を見守ります。子供の力を信じて、**「見守り育てる」**という姿勢が大切です。

### 泣いている子供への声かけ例

①休み時間の終わりに、教室で……

②まずは、先生が心配していること、寄り添う姿勢を示す

何があったの？

③気持ちを聴く（様子によっては、別の場所で）

なるほど。それが嫌だったんだね。

こうしたら、どうかな？

Aさんと話してみようか。

──── ここがポイント ────

　教師と子供の信頼関係がつくれていないと、子供が何でも話すようになるのは難しいでしょう。特に、子供が困ったとき、悩んでいるときに、教師は安心して相談できる相手でいたいものです。そのためにも、日頃から子供との信頼関係を築いていきましょう。

こんなときどうする？ ②夏休み前の指導

# 夏休み前にやっておきたい四つのこと

**ねらい**

夏休みは、学校生活では味わえない経験ができるチャンスです。一人一人が充実した夏休みを過ごせるように事前指導を工夫しましょう。

## 計画、内容、家庭との連携、見通し

夏休みに入る前にやっておきたいことは、例えば次の四つです。

**①事前に計画を立てること**

学校の指導計画に基づき、例えば学級活動（3）アの題材「夏休みの計画を立てよう」で、学級のみんなに共通し、一人一人に関わる問題を話し合いましょう。そして、一人一人が2年生までの夏休みの経験を生かして、自分のめあてを決められるようにしましょう。

**②一人一人に合った課題の内容を決めること**

学年共通の課題に加えて、自分のめあてに基づいた、自分に合った具体的な課題を設定できるようにします（例：「1日三つの漢字を復習して覚える」「計算ドリル1日1ページ」「毎日風呂掃除をする」など）。

**③家庭との連携を行うこと**

課題を設定したら、学級通信や個人面談等で保護者に伝え、夏休みの取組について連携を図りましょう。

**④夏休み明けの見通しをもつことができるようにすること**

夏休み中に頑張ったことの成果を学級の中で発表し、その頑張りを互いに認め合う場を設定します。掲示するのか、発表会をするのか、どこに展示するのかなど、行うための方法を子供たちに事前に示しておきます。

### ①計画

夏休みは、1学期に習った漢字を全部しっかり覚えたい。

### ②内容

みんな同じ課題はこれらです。これらに一人一人の課題を加えます。

夏休みは40日あるから……、1日に三字、漢字練習しよう。

### ③家庭との連携

Aさんが夏休みに頑張ると決めている課題は、漢字練習です。1日に三字練習するというめあてを立てました。

### ④見通し

「夏休み発表会」をします。このように展示します。

――― ここがポイント ―――

❶夏休みは、普段の学校生活とは環境が異なります。生活のリズムとともに、家庭学習の習慣が乱れがちです。事前指導を丁寧に行って、2学期以降の学習につなげましょう。

❷一人一人の課題については、子供自身が自分で決めることが大切です。自分自身のめあてに向かって頑張ってよかったという自己効力感を味わえるようにしましょう。

こんなときどうする？　③学級の約束づくり

# 「困ったことコーナー」を設置しよう

> **ねらい**
>
> 学級の約束には、学校や学年で決められているものや学級担任が決めて指導するものもありますが、子供たち自身が決めるものもあります。「自分たちで決めた約束を自分たちで守る」という体験は、とても大切です。子供たちが約束を決める際の指導について考えてみましょう。

## 「約束づくり」を「よりよい学級づくり」につなげる

「友達を傷付けない」「学習の持ち物」などの基本的なルールは、教師が示します。しかし、教師の適切な指導の下、学級生活をつくっていくための約束を子供たち自身が決めることも大切です。

約束をつくるための工夫として「困ったことコーナー」を設置し、学級生活の中で困ったことを付箋紙などに書いて、子供が自由に貼ることができるようにします。貼られたものの中から、個人的なもの、学級全体に関わるもの、個人的でありながらも学級全員に関係があるものなどに分類します。必要に応じて学級会や朝の会・帰りの会などで話し合い、学級全員で約束として決めていきます。

大切なのは、「自分たちで決めた約束を自分たちで守ったことでよりよくなった」という経験です。子供は自分たちで気付き、自分たちで話し合って決めた約束を守ろうとするでしょう。このことは、規範意識の醸成に資するとともに、よりよい学級を自分たちでつくろうという姿勢につながります。そのためにも、教師は子供の実践を継続的に見守り、丁寧に指導することが大切です。

第2章　これで完璧！　3年生の学級づくりのコツ

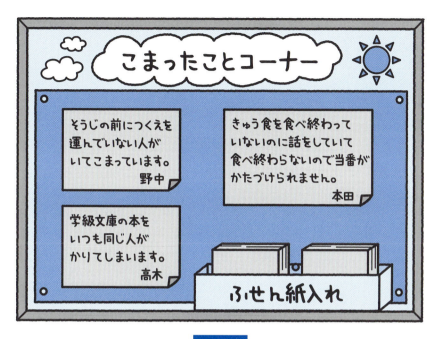

--- ここがポイント ---

❶「困ったことコーナー」をつくると、たくさん付箋紙を貼る子供と、なかなか貼ることができない子供が出るでしょう。一人一人の子供の「学級生活上の課題を見いだす力」や「よりよい学級をつくろうとする態度」などを育てるために、時には学級全員が1枚ずつ付箋紙に書いて紹介し合うなどの工夫が必要になります。

❷「守れなかったら罰を与える」など、自発的、自治的な活動の範囲を超えた約束にならないように配慮します。約束を守れなかったときはもう一度みんなで考え話し合うなど、子供の主体的な取組を大切にしましょう。

こんなときどうする？　④「できない」と言えない子供

# 「できない」と言えない子供に寄り添おう

### ねらい

3年生は、低学年の頃と比べて様々な面で成長してきています。できることが増え、できないことが減ってくるでしょう。その反面、なかなか「できない」「分からない」と言えない子供も見られるようになってきます。一人一人に寄り添った指導について考えてみましょう。

## 教師の共感的な姿勢が必要

　子供は、なぜ「できない」「分からない」と言うことができないのでしょう。その理由として、例えば、できていないことに気付いていない、恥ずかしくて言えない、「できない」と言ってはいけないと考えている、などが考えられます。このように、「なぜ『できない』と言うことができないのかを把握すること」が大切です。

　理由が分かってきたら、少しずつ働きかけていきましょう。「できない（分からない）、と素直に言いなさい」というような言葉かけは、子供を傷付け、かえって心を閉ざしてしまいます。子供自身ができないこと、分からないことを自覚し、自ら援助を求めることができるように、時間をかけて支援していくことが大切です。**そのためには、教師の一人一人の子供に寄り添った共感的な姿勢が必要になります。**教師の共感的な姿勢は、子供の安心感と信頼感につながります。

　働きかけの仕方は、その子供の状況によって異なります。大事なのは、深い児童理解に基づいた働きかけです。日頃から、一人一人の子供についてじっくり研究するつもりで学級経営をしていきましょう。

第 2 章　これで完璧！　3 年生の学級づくりのコツ

なぜ「できない」「分からない」と言うことができないのか、
理由はそれぞれ。一人一人の子供たちに寄り添って声をかけましょう。

できている！
大丈夫！
①

恥ずかしいから
言えない……
②

できているんだね。一緒に確認してみよう。

困ったときはいつでも相談していいからね。

「できない」って言って大丈夫かな。
③

できないけど、どうしたらいいか分からない。

④

（そっと）どうしたの？　分からなかったら言ってね。大丈夫だよ。

○○さん（他の子供）、ちゃんと「できない」って言うことができたね。「できない」「分からない」って言えるって大事だね。

――― ここがポイント ―――

　日頃から、「できない」「分からない」ということを安心して表現できるような学級づくりをしていきましょう。もちろん、「できないことをできるようにする指導」「分かる授業づくり」が前提であることは言うまでもありません。

069

保護者との信頼関係を築き連携を深めるために①

# 授業参観を教師のプレゼンテーションの場にしよう

**ねらい**

授業参観は、学校や教師の教育方針等を保護者に伝え、保護者との信頼関係を築いたり連携を深めたりするための大切な機会です。「普段通りの授業を見せる」だけでなく、ひと工夫加えた授業をしましょう。

## 📖 内容を工夫して見せる授業を

　授業参観の実施時期は、年間計画の中で概ね決まっています。その時期に応じた授業を組み立てることが大切です。年度当初であれば、学習のルールやノート指導など、年間を通して大切にしたいことを保護者に伝えるつもりで授業することも考えられます。**年度途中ではグループワークや発表形式の授業、年度末には学習の成果が見られる授業を行うなど、ねらいと見通しをもって授業参観を計画しましょう。**

　授業内容にはひと工夫加え、参観している保護者も「楽しい」と思える授業を行うようにしましょう。例えば「おはしの使い方」の授業では、はしの持ち方、使い方が正しいか「豆移し」などのゲームを途中にはさみながら楽しく授業を進めるなどが考えられます。家庭との連携を図ることもできます。

　また、保護者は我が子の活躍を見たいものです。1回は発言できる場面をつくる、全員が音読する場面をつくるなど、学習活動を工夫することも大切です。我が子が楽しく学習している姿や分かりやすい授業を見ると、保護者も安心し、学校や教師を信頼します。授業参観は学校から保護者へのプレゼンテーションの場です。しっかり準備して臨みましょう。

第2章 これで完璧！ 3年生の学級づくりのコツ

### 年度当初（4月）のポイント

手の挙げ方、音読での声の出し方など、学習のルールに関することを取り上げながら学習内容を組み立てる。

国語の「詩」を扱って音読の仕方を授業したり、国語辞典の使い方を授業したりするなど、活動場面が豊富にあり、「楽しい」と思える授業にすることが重要です。

### 年度途中のポイント

グループワークで課題を解決したり、調べたことをまとめて発表したりする授業を行うことで、主体的に学習に参加している姿を見せる。

発表する場面を授業参観で行う場合は、「声の大きさ」「聞き手への目線」なども意識するよう事前に指導しましょう。

### 年度末（2、3月）のポイント

学習の成果が見られる授業内容。学級会や討論などの子供たちが主体となって進めることができる授業。

保護者は、自分の子供が全体の場で考えを発表する姿を見たいと思っています。また、その姿から子供の成長も実感することができます。

― ここがポイント ―

保護者は我が子の活躍とともに、教師の授業も見に来ます。さらに、学級経営の状況や教師と子供の信頼関係も見ています。まずは、教師が笑顔で楽しく授業をするようにしましょう。

保護者との信頼関係を築き連携を深めるために②

# 思いが伝わる「家庭訪問」「個人面談」にしよう

---
**ねらい**

家庭訪問や個人面談では、保護者との信頼関係を築くことが大切です。保護者と教師が共通理解を図り、これからの子供の成長に生かしていけるような機会にしましょう。

---

## 「家庭訪問」のポイント：準備が大切

### 前日までに準備すること

**○保護者の希望日程を確認する（学校によって調整の仕方は異なる）**

　保護者に希望の日程を聞き、それぞれの住んでいる地域と保護者の希望日程を調整して、家庭訪問計画を立てましょう。兄弟姉妹関係にも配慮します。

**○子供の家の場所を地図にまとめておく**

　子供の家の場所を調べ、地図に場所を記録しておきます。当日は、一人一人の家をその都度調べる時間がないので、1枚の地図にまとめましょう。

### 家庭訪問当日は……

**○話すことを考えておく**

　短い時間で保護者と学級担任が子供について共通理解を図ることができるよう、「子供の成長」「健康面」「友達関係」など、質問する内容や、学校生活で子供が頑張っている様子など、家の人に伝えたい内容を考えておくようにしましょう。

事前の準備が大切！

## 「個人面談」のポイント：目的を明確に

### 前日までに準備すること
○**面談の目的を事前に知らせておく**

今度の面談では、授業の様子を聞いてみたいわ。

保護者

学級通信などを通じて、今回の個人面談の目的を明確にし、どんな話をするのかを事前に伝えます。

○**事前アンケートで保護者が聞きたいことを確認しておく**

保護者が面談で知りたいことや困っていることなどを、アンケートで事前に把握します。保護者の知りたいことに応えられるように準備しましょう。

### 個人面談当日は……
○**教室環境を整える**

よく頑張っているのね。

教室環境を整え、清潔感のある中で面談ができるようにしましょう。子供の学習の成果物を掲示しておき、保護者が待っている時間に見られるようにします。

○**面談の目的に応じたテーマで話す**

何のための面談なのか、時期に応じた内容を話します。右のような内容が考えられます。

| 7月 | ○1学期の学習の様子<br>○夏休みの過ごし方について（宿題等） |
|---|---|
| 2月 | ○今年1年間で成長したこと<br>○来年度期待すること、など |

―――― ここがポイント ――――

❶日頃の子供の様子をよく見て、保護者に伝えられるようにしましょう。特に、その子供のよさを話すことは、保護者の安心感につながります。

❷訪問する時間や面談の時間に遅れないようにしましょう。万が一遅れるようであれば、連絡をしてお詫びをするようにしましょう。

❸家庭訪問では、子供の家庭環境を知るだけでなく、住んでいる地域の状況を知ることも大切です。特に、登下校時の安全指導をする際に役立ちます。

保護者との信頼関係を築き連携を深めるために③

# 「来てよかった！」と思える保護者会にしよう

---- **ねらい** ----

保護者会は、学級の様子を伝えることができるよい機会です。日頃の様子や学級での出来事などを伝え、「来てよかった」と保護者に思ってもらえるような保護者会にしましょう。

---

 ## ねらいや見通しをもつ

保護者会は年度当初の4月、夏休み前の7月、学年の終わりの2月、3月など、学校生活の節目に行われることが多いと思います。それぞれ実施の時期によってねらいを明確にし、見通しをもって計画的に行うようにしましょう。

4月は年度当初ですから、学級経営の方針を伝えるようにします。7月は1学期の終わりなので、1学期に取り組んだことや学級の様子、通知表の見方や考え方について話しましょう。2月、3月は年度末で、年間のまとめの時期ですので、学級の様子や子供たちの成長を伝えるようにします。1年間の様子を、撮りためておいた写真を使って「思い出ムービー」として流すなど、子供たちの様子がよく伝わる工夫をしましょう。

様々な予定を調整して、参加した保護者もいます。**「来てよかった」と思えるようにすることが、何よりも大切です。**

また、保護者会には保護者と保護者をつなぐ役割もあります。保護者が小グループで話し合うことで、日頃の悩みなどを相談したり、共有したりする場にすることもできます。

**「保護者同士の横のつながりをつくる」**という意識をもって計画しましょう。

## 「来てよかった」と思える保護者会の工夫の仕方

①保護者会の内容をプレゼンテーションソフトなどで作成し、画面に映して進行する

聴覚情報より視覚情報の方が伝わりやすいです。

②掃除や給食の時間、授業中の活動場面など日頃の学級生活の様子を動画で流す

やむを得ず欠席した保護者への配慮も忘れないようにしましょう。

③保護者会の内容を事前に学級通信等で伝える

(表)　　　　(裏)

内容のタイトルを工夫します。(例)「ここが自慢！○年○組の掃除テクニック！」など。保護者が「参加したい」と思うような伝え方を工夫します。

───── ここがポイント ─────

次のような保護者会は、信頼を失うので注意しましょう。
❶教師の一方的な話が多く、保護者がずっと聞いている保護者会
❷保護者ばかりにたくさん話をさせる保護者会
❸開始時間と終了時間が守られない保護者会

子供たちが大きく成長する学校行事にするために①

# 子供が主体的に取り組む運動会にしよう

### ねらい

運動会を通して、子供たちは大きく成長します。そのため、運動会で子供たちをどのように成長させるかのイメージをもって指導します。

##  めあてと役割と振り返り

運動会は、大きな学校行事の一つです。運動会本番に向けて、練習や準備などに多くの時間を費やします。そのため、運動会が終わった後の満足感は子供たちの自信につながり、成長を実感することができます。そのような運動会にするためには、子供一人一人が主体的に取り組むことが重要です。

まず、子供たち一人一人がめあてをもつことができるようにしましょう。運動会で自分が頑張ることは何か、そのために自分はどのように取り組むかを**「運動会めあてカード」**に書くようにします。それを教室に掲示することで、自分のめあてを常に意識したり振り返ったりすることができます。また、帰りの会で「よいところ見付け」を運動会に関することを行うことで、「○○さんは自分で決めた△△を一生懸命に練習していました」など、子供同士の認め合いにもつながります。

次に一人一人が役割をもつようにします。学年演技や応援練習を学級の中心となって行う係、演技の一部の振り付けを考える係、学年競技のルール説明をする係など、自分の役割があることで子供たちはより一層成長できます。

そして、運動会が終わった後は振り返りを行い、教師が価値付けをします。そこで子供たちは自分の成長を確認し実感します。学級としての振り返りも行い、その学びをその後のよりよい学級づくりにつなげましょう。

運動会のめあてカード。運動会の練習が始まる前に記入します。記入する際には、一人一人が自分に合っためあてを立てられるように、その子供に応じた助言をすることが大切です。

友達（他者）から評価されたり、認められたりすることで意欲が高まり、自己有用感が高まります。また、今まで知らなかった友達の新たな一面も発見することができます。

役割分担を表にして掲示したり配付したりすることで、みんなで運動会に取り組んでいるという一体感や、自分の役割を責任をもって果たそうという参画意識を高めることになります。

―――――― ここがポイント ――――――

　教師が、運動会を通して子供にどんな力を育てたいのかというねらいやイメージを明確にもつことが大切です。子供のよさや頑張りを認め、自己の課題を解決できるように励ましていくことが、子供の満足感と成長につながります。運動会の当日だけでなく、それまでの過程でも子供は成長します。準備や練習の過程でも、学級や一人一人のめあてに基づいて振り返り、努力や成長を実感できるようにすることが大切です。

子供たちが大きく成長する学校行事にするために②

# 達成感を味わえる遠足にしよう

> **ねらい**
>
> 遠足は子供たちにとって楽しみな学校行事です。子供たちが大きく成長できるように、「友達と一緒に頑張った」という達成感を味わえるような遠足にしましょう。

##  グループ活動で自主的な活動を

　遠足は、子供たちにとって楽しみな学校行事です。自然いっぱいの公園や動物園、水族館など、いつもの生活と異なる環境でたくさん遊んだり生き物と触れ合ったりします。もちろん楽しいだけでなく、子供たちが成長できるような活動にするために、**事前、体験、事後の一連の流れを意識して、子供たちが自主的に行動できるように指導することが大切です。**

　事前の活動では学年全体で、例えば、「自然にたくさん親しむ」「公共の場所でみんなでルールを守る」といった遠足の意義やめあてを確認しましょう。

　この大きなめあてに向けて、共に活動する小グループごとに自分たちのめあてを立てます。グループの一体感を高めるために、楽しいグループ名を考えたり、マークを決めたりしてもよいでしょう。グループの人数は、3年生の場合、話合いがしやすい4人程度がおすすめです。体験活動では、電車に乗ったり、遊んだり、お弁当を食べたりとほとんどの活動をグループ単位で行い、共に自然に親しみながら、自分たちで決めためあてに向かって協力して取り組めるようにしましょう。事後の活動でも、グループごとに振り返ります。自然についてやグループでの行動について、気付いたことを新聞などにまとめ、発表します。

第2章 これで完璧! 3年生の学級づくりのコツ

　社会科の鉄道の広がりなどの学習、理科の昆虫や植物の学習などとの関連を図るのもよいでしょう。様々な方法で自然と関わったり、自分たちで考えて集団行動したりすることを中心に、楽しい遠足になるようにしましょう。

事前の活動

体験活動

事後の活動

学年で共通の遊び
・自然ビンゴ
・ネイチャーゲーム

グループごとに決めた遊び
・遊具遊び
・どんぐり集め

学級で決めた遊び
・手つなぎおに
・ドロケイ

———— ここがポイント ————

❶どんな学習も安全第一です。鉄道の状況、目的地までの道のり、公園での活動範囲などを十分に調べ、子供たちだけで活動できることと、教師主導で活動することを整理して計画を立てるようにしましょう。特に公園では、スズメバチやドクガなどの危険な生き物についても注意が必要です。事前の活動で、その生態や危険性を子供に指導しましょう。

❷遠足では、集団行動について多くの学びがあります。遠足だけの学びにせず、日常生活や次の学校行事等に生かすようにします。子供の振り返りを次の学校行事等まで掲示しておき、「遠足でできていたから、もっとパワーアップしようね」などと声をかけ、活動意欲が高まるようにしましょう。

## 第3章

子供たちの学習意欲を伸ばす！
# 3年生の 授業のコツ

授業に入る前に　Check Point①:「学習ルール」

# 褒めて広げる
# 学習ルールの指導

---
**ねらい**
---

なかなか学習のルールが定着しない、つい口うるさく注意してしまう、というようなことはありませんか。そんなときは、「できていない子供」だけでなく、「できている子供」に意識的に目を向けましょう。

##  できなかったときの指摘より、できたときに褒めること

　学習ルールは、学年のはじめに子供に示し、様子を見ながら必要に応じて追加したり、変更したりしていくものです。ですから、学習ルールの指導は、年間を通じて行うものです。しかし、教師にとって、決めたルールを意識できない子供、守ることができない子供の方が気になるところではないでしょうか。そのような子供に対して、注意をしたり指摘をしたりすることが多くなっていませんか。それでは、ルールを意識できていたり、しっかり守っていたりする子供に目が行き届かなくなります。

　ルールを意識して学習できる子供を育てるには、意識している子供やしっかり守っている子供に目を向け、まず褒めましょう。3年生の子供たちは、「褒められることを喜び、褒められることで頑張ろう」と思うことが多いのです。できている子供や意識して取り組めている子供を褒めていると、そうでなかった子供が次第に真似をすることもあります。

　**褒めることを中心にして、長い目で見て、徐々にルールが広がっていくというイメージをもつことが大切です。**

第3章 子供たちの学習意欲を伸ばす！ 3年生の授業のコツ

――― ここがポイント ―――

❶学習ルールに限らず、「できている子供」を褒めても、「できていない子供」がすぐに真似をするわけではありません。そのため、待つ姿勢が大切です。ルールを意識できない子供に対して、繰り返し指導するなど、教師に我慢が必要になります。子供はすぐには変わりません。長い目で見て、意識できる子供を増やしていきましょう。

❷ただルールを決めて、「守りなさい」と言っても、子供にとっては何のためにそのルールがあるのかが分かりません。なぜ、そのルールが大切なのかを、分かりやすく説明しましょう。

授業に入る前に　Check Point②：「家庭学習」

#  主体的な家庭学習のアイデア

---

**ねらい**

　家庭学習では、学校の勉強の予習や復習をすることはもちろんですが、子供が自分で学習する習慣を身に付けることも大切なねらいになります。ここでは、子供が主体的に学習に取り組むアイデアとして、「自主学習」について紹介します。

---

## 「自主学習」のよさ

　ここでの「自主学習」とは、子供が自ら学習する内容を選んで取り組む家庭学習のことです。「自主学習」のよさについては、次のようなことが挙げられます。

> ○そのときの自分に合った学習内容を選べる。
> ○自分で考えながら学習するので、「学び方」を学べるようになる。
> ○自分から「これをやろう」という主体的な学びが期待できる。

　「自主学習」によって、主体的に学ぶ姿勢を身に付けることを期待できます。また、自分なりの方法で学習を進めていくので、「学び方」そのものを学ぶことにもつながります。子供がどのように学習に取り組んでいるのか、教師がしっかりと目を通し、子供の学習状況をつかむことが大切です。子供が提出してきた「自主学習」には、励みとなる言葉やアドバイスなどを添えるとよいでしょう。

## 「自主学習」の進め方

### ノートについて

内容が国語科や算数科など様々なので、縦でも横でも使えるノートがよいでしょう。ノートを1冊使い終えることで、目に見える形で達成感を感じることができるので、比較的ページ数の少ないノートを用意するとよいでしょう。「○○ノート」として、タイトルを工夫していきます。

### 学習時間について

子供の実態にもよりますが、**3年生では30分〜45分ほどを目安として家庭学習の時間を決めるとよいでしょう**。学習の習慣化も目的としているので、時間設定は教師がはじめに伝えるようにしましょう。内容の決まっている「家庭学習プリント」と「自主学習」を組み合わせるのもよい例です。

家庭学習
（プリントなど）
15分

＋

自主学習
15分

### 自主学習の内容例

3年生の学習内容を、自主学習にも生かせるようにしましょう。ある程度の内容例を教師が示しておきます。子供のノートから新しい学習内容のアイデアがあったときには、学級みんなに伝えるようにします。

・各教科の学習の予習や復習
・日記
・新聞記事を切り抜き、感想を書く。
・音読（音読カードをノートに貼る）
・意味調べ（国語辞典を使って）
・生き物の観察　・リコーダー練習
・漢字練習　　　・計算練習
・まちのおすすめ紹介　　など

──── ここがポイント ────

友達がどんな学習をしているのか、ノートを見せ合う時間を設定したり、参考になる学習をしている子供のノートをコピーしたものを掲示する「自主学習コーナー」をつくったりしてみましょう。よい手本を見ることで、自主学習の内容を広めたり、何をしたらよいか分からない子供の参考になったりします。

私もやってみよう！

授業に入る前に　Check Point③：「ノートの使い方」

# 1に丁寧、2に丁寧、3年生までにノート指導の基礎づくり

―― ねらい ――

ノート指導は、全ての教科等の学習の基本になります。ノートを使うときに大切にしたいポイントについて、根気よく指導を続けましょう。

## 「誰が見ても読める！」が基本

　3年生で大切にしたいことは、**「丁寧に書くこと」**です。4年生以上になると、思考過程が見えるノートにすることが求められます。そのためにも、3年生までには、誰が見ても読める文字で書く習慣を付ける必要があります。子供の中には、文字は自分が読めればいいし、筆算も答えが合っていればいいと、雑に書いてしまう子供もいます。しかし、読めない文字では前時までの学習を振り返ることはできませんし、計算ミスも多くなります。このようなことを防ぐために、どの教科でも次のことを指導しましょう。

| ①1マスに1文字、1数字で書く。 | ②枠からはみ出さずに書く。 | ③余白をつくる。 |

　①、②については、はじめからルールとして根気よく指導します。特に、②に気を付けるだけで、文字が丁寧になります。どうしてもマスに文字が入らない子供には、大きめのマスのノートに変えることも考えられます。

　③は、ほどんどの子供に①、②の定着が見られるようになった頃、指導を始めましょう。余白があると、どこにどのようなことが書かれているかが見やすくなります。また、教師や友達の発言、自分で気が付いたことなどをメ

モしたり、間違えたところをやり直したりするスペースとして使います。

4年生に向けて、ノートに工夫する習慣化も図っていきましょう。よいノートを「ノート賞」として掲示すると、子供の意欲も高まります。

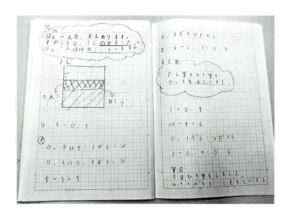

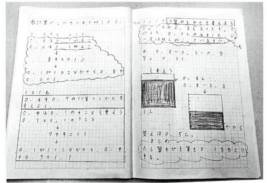

―― ここがポイント ――

❶学習課題を書くとき、計算をするとき、自分の考えを書くときなど、「ノートを書き出すとき」「書き終わるとき」は教師が指示しましょう。丁寧を心がけるあまり時間がかかりすぎ、全体で話し合ったり協働して考えたりすることができなくなってしまう子供もいます。一定の時間を設け、その時間内で書き終わるように指導しましょう。

❷学級通信や懇談会などで話題にし、保護者のノートへの関心を高めましょう。保護者からのアドバイスや励ましが、子供のやる気を引き出します。

国語科の指導のコツ　①新出漢字の指導

クラスみんなが
漢字先生

**ねらい**

子供と漢字をぐっと近付ける工夫をして、200字程度の漢字に興味をもち、楽しんで学習できるようにしましょう

##  一人1漢字！　ミニ先生による漢字学習

　中学年は1年間に学習する漢字が200字ほどになります。画数が多かったり、似ている漢字があったりして、練習してもなかなか身に付かない子供もいます。漢字に対する苦手意識が生まれかねません。

　**そこで、200字をクラスのみんなで分担し、ミニ先生として漢字を教える活動をします。**例えば40人ですと、一人当たり5字を担当することになります。一巡ごとに、A4サイズの画用紙を配り、漢字と読み、熟語などを書くようにします。その画用紙を見せたり、黒板を使ったりして、教師と同じように、他の友達に漢字を教えます。他の子供たちは、漢字ドリル等を使って練習します。人に教えるとなると、漢字学習に取り組む意欲が変わります。教えるのは5字でも、教えるために準備したことで、他の友達の発表に対して、共感的な態度で臨む姿も見られます。「あのときあの子が教えてくれた漢字だ」と印象深くなり、覚えることもできます。使った画用紙はしばらく掲示したり、宿題の漢字を示すカードとして使ったりできます。ファイルして保管しておき、間違いやすい漢字があれば再度ミニ先生に教えてもらう時間をとってもよいでしょう。

　国語の学習は毎日あるので、できれば1日2字を目安に行うとよいでしょう。その日のうちに家庭で反復練習できると、より定着します。

第3章 子供たちの学習意欲を伸ばす！ 3年生の授業のコツ

### ミニ先生の作品例

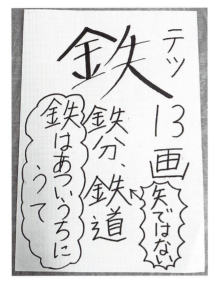
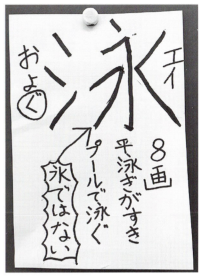

― ここがポイント ―

❶ 漢字は繰り返し使うことで定着します。そうは言っても、反復練習ばかりでは、子供たちの興味・関心は薄れてしまいます。学習の感想、振り返り、日記など、あらゆる場面で学習した漢字を使うよう、声をかけましょう。

❷ ミニ先生は頑張って準備をしたのですから、万全の態勢で発表できるようにしたいものです。事前に必ず教師がチェックをして、自信をもって発表できるようにしましょう。子供の発表のときは、教師も適宜言葉を補って、しっかり教えるようにしましょう。

国語科の指導のコツ　②定番教材「モチモチの木」

# 「お話スタンド」で お話紹介

---
**ねらい**

好きな登場人物に対する感想や考えを交流することを通して、登場人物の人物像を中心に、想像しながら物語を読む力を育てましょう。

---

 ## 好きな登場人物について語り合おう

　「モチモチの木」は、臆病で夜中に一人でせっちん（便所）に行けない5歳の子供「豆太」が主人公の物語です。子供たちは、豆太に共感しやすく、物語の世界に入り込んで読むことができます。登場人物は、主人公の「豆太」「じさま」「医者様」の3人。それぞれ個性的で魅力的な人物たちです。登場人物の行動や会話などから、その人物像を想像することができます。「モチモチの木」をはじめ、斎藤隆介作品では、自分のできることをひたすら一生懸命に行う主人公が多く登場します。見返りを求めずに懸命に生きる主人公の姿が、子供の心を揺さぶります。

　**物語の楽しみ方の一つとして、登場人物について友達と感想や考えを交流し合うことがあります。** 一つ、またはあるテーマに沿ったいくつかの物語などに登場する人物について話し合うことは、大人でも楽しいものです。本単元では、「モチモチの木」を中心教材として、他の斎藤隆介作品を読み、その登場人物について自分の感想や考えを交流し合います。子供たちも物語の一つの楽しみ方を知るとともに、一人一人の感じ方が違うことを大切にしながら、学級全体で読書を楽しんだり、進んで読書しようとしたりする態度が広がっていくようにしましょう。

「お話スタンド」　「モチモチの木」のお話スタンド

主人公の性格

自分が好きなところ

主人公の心情

「ユとムとヒ」のお話スタンド

「花さき山」のお話スタンド

　一人一人がお気に入りの物語の「お話スタンド」をつくって、友達に自分のお気に入りを紹介します。内容は主人公の性格や行動、心情などを中心に構成します。

——————————— ここがポイント ———————————

　本単元の学習に入る前に、これまで学習した物語教材の主人公たちを想起し、「どの主人公が好きか」を話し合う活動に取り組むのもよいでしょう（「スイミー」や「がまくんとかえるくん」など）。

国語科の指導のコツ ③言語活動のアイデア

# 3年生 言語活動あれこれ

**ねらい**

言語能力を育成する国語科では、言語活動を通して子供たちに国語を正確に理解し、適切に表現する資質・能力を育成することを目指します。ここでは、子供が主体的に学習に取り組むための言語活動のいくつかを紹介します。

## 📖 子供の目的意識を大切にする学びを

言語活動を通して言語能力を育成することが学習のねらいですが、子供からすれば、言語活動が学習のめあてになります。子供が目的意識や相手意識をもって学習に取り組むことができるように計画しましょう。また、他教科等とも関連を図り、汎用性のある資質・能力の育成につなげていきましょう。

### ①音読発表会を開こう

場面の様子によって、椅子に座ったり椅子の上に立ったりしています。

お面をしたり背景に絵を掲示したりするなどの演出も大切です。

文学教材を読み、読み取ったことをもとに音読発表を行う言語活動です。場面の様子や登場人物の心情を読み取り、それを音読に生かしていきます。音読発表会を開くことが決まっていると、子供たちにとっての目的意識となり、より主体的に学習に取り組むことができるようになります。

## ②「3年1組 昆虫のびっくりブック」をつくろう

理科で学習した昆虫をさらに調べるために、図鑑や科学読み物を読む言語活動です。普段、物語の本を読むことが多い傾向にある子供たちにとって、読書の幅を広げるよいきっかけになるでしょう。読んで驚いたことを1枚にまとめ、それを学級で集めて一つの本にすれば、世界に一つだけの「昆虫ブック」になります。

## ③「スーパーマーケットのひみつリーフレット」をつくろう

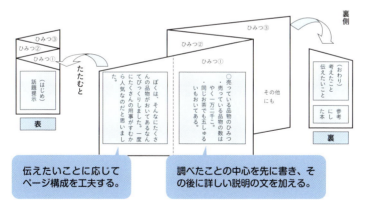

観察や調査したことなどを記録したり、図鑑や事典などを利用したりする言語活動です。社会科の学習で生まれた課題について、さらに詳しく調べるために図鑑や事典、社会科についての図書資料などを利用します。自分が調べた「スーパーマーケットのひみつ」をリーフレットの形でまとめ、家の人に伝えます。

社会科の指導のコツ　地図帳の活用

# 地図帳の学習は
# ゲーム感覚で楽しく

---
**ねらい**

3年生では、社会科学習のスタートとともに、新たな教科書とともに地図帳を活用するようになります。地図帳を使うのが楽しくなるように工夫し、社会科学習の必需品として活用できるようにしましょう。

---

## 「さくいん」を使いこなそう

　地図帳には、日本をはじめとする世界の様々な国名や地名が載っています。学習の際に出てきた地名の位置を確認するために使いますが、1ページずつ調べていくのは大変です。そこで、効率的に探すためには、「さくいん」を使いこなすことが重要になります。

　例えば、神奈川県の横浜市を探すこととします。まず、地図帳の後ろのページに「さくいん」があります。そこから、「よ」を探します。

| よ |
|---|
| □よこすかし　横須賀市［神奈川］………37 オ 5 |
| ○よこぜまち　横瀬町［埼玉］……………37 ウ 3 |
| □よこてし　横手市［秋田］………………45 エ 6 |
| **□よこはまし　横浜市［神奈川］…………37 オ 5** |
| ○よこはままち　横浜町［青森］…………44 オ 2 |

※横浜市の横にかいてある数字や記号が大切です。

　37　　　　オ　　　　5
　↓　　　　↓　　　　↓
ページ　　列の記号　行の記号

を表しています。

|   | ウ | エ | オ | カ | キ |   |
|---|---|---|---|---|---|---|
| 1 |   |   |   |   |   | 1 |
| 2 |   |   |   |   |   | 2 |
| 3 |   |   |   |   |   | 3 |
| 4 |   |   |   |   |   | 4 |
| 5 |   |   | 横浜 |   |   | 5 |
| 6 |   |   |   |   |   | 6 |
|   | ウ | エ | **オ** | カ | キ |   |

　次に、37ページを開きます。左手で「5」を押さえ、右手で「オ」を押さえそれぞれ左右、上下に移動し指がぶつかったブロックに「横浜市」があります。

第3章　子供たちの学習意欲を伸ばす！　3年生の授業のコツ

## 地図帳を使った楽しいアクティビティ

### 地図帳 activity（1）……地名さがしゲーム

（やり方）
①先生がお題を出す。
②地図帳から見付ける。
※お題は苗字と同じ地名（小野、館山、田村など）、動物に関する地名、アニメ・漫画に関する地名（コナン→湖南、NARUTO→鳴門など）など、子供になじみのあるものがよい。

### 地図帳 activity（2）……地名ビンゴ

（やり方）
①ビンゴマスをノートに書く。（3×3）
②お題を出す。（例）「関東地方」と「九州地方」
③お題にそった都道府県をますに書く。
④答え合わせをする。
※お題には「ヨーロッパ」と「アジア」の国、「さ行」と「か行」の都道府県など様々なバリエーションで行うと、ゲーム感覚で国や地名を覚えることができます。

| 北海道 | 長野県 | 東京都 |
| --- | --- | --- |
| 青森県 | 石川県 | 熊本県 |
| 香川県 | 鳥取県 | 宮城県 |

### 地図帳 activity（3）……地名早さがしゲーム

※授業のはじめや授業が少し早く終わったときに行うとよいです。
（やり方）
①地図帳の「さくいん」の中からお題（地名）を一つ出す。
②出されたお題（地名）を「さくいん」を使って調べる。
③見付けたらその地名に指を押さえて立つ。
④教師が順位付けをする。
※一番だった子供にお題を出させるようにすると、学級みんなが熱中します。
※学級全体、グループでも行うことができます。

―― ここがポイント ――

地図帳には、地名だけでなく世界の国々や日本の歴史、産業などの資料が幅広く掲載されているので、上の活動をアレンジして少しずつ指導しましょう。

算数科の指導のコツ　①あまりのあるわり算

# 具体的な場面を<br>イメージする<br>「あまりのあるわり算」

**ねらい**

3年生の学習内容である「わり算」。計算はできても文章問題になるとできなくなる、計算の仕方の説明がうまくできない子供がいるでしょう。ここでは、わり算の学習で、図を活用して考える工夫を紹介します。

##  図を書けるようになることが理解の第一歩！

　3年生になると、わり算、大きな数のたし算とひき算の筆算、分数などを学習します。そこで、算数の学習では「『算数㋩㋕㋜』：㋩やく、㋕んたんに、㋜いかくに、問題解決することを目指そう」と指導していきます。問題に出てくる数が大きくなる3年生の学習では、問題に出てくる全ての数について半具体物のおはじきに置き換えていると、時間がかかります。また、解けたとしても、友達に考えた方法を説明すると、解き方が複雑で理解してもらえないということも見られます。

　そうすると、大切になってくるのが、**図を用いて簡潔に表す方法**です。図を用いて、問題場面を視覚的にとらえられるようにすることで、考え方の筋道が分かるようになります。すっきりした絵や図で表して説明し、共通点や違いを話し合うと、子供たちの「考え方が分かった」ということにつながります。普段から、アレイ図、テープ図、線分図などの図を活用して、問題解決する子供を育てたいものです。わり算の学習では、「計算はできるけど、文章問題になるとできない」という子供もいます。そういうときこそ、図を活用し、具体的な場面をイメージしながら考えられるようにしましょう。

## 単元「あまりのあるわり算」

ケーキが23個あります。1箱に4個のケーキを入れていきます。全部のケーキを入れるには、箱は何箱あればよいでしょうか。

式　　23÷4＝5あまり3
答え　①5箱　　②5箱あまり3箱　　③5と3を足して、8箱　　④6箱

あまりをどうすればよいかを解決したいね。
自分の考えがみんなに分かるように、絵や図をかいて説明しよう！

※教師は子供の発言をもとに今回の課題を明確にし、考える指針を示します。

**アレイ図をかいて、あまりをどうすればよいか考えよう。**

①の考え方

○○○○ ○○○○
○○○○ ○○○○
○○○

5箱できるので、
答えは5箱

③の考え方

5箱と3箱で8箱

④の考え方

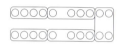

5箱に1箱足して
6箱

5箱だと、あまりの3個が箱に入ってないね。

8箱は、1箱に4つ入るのに、1箱に1個しか入れないのはおかしいよ。

―― ここがポイント ――

授業では、考える時間を必ず設定します。子供の中には、ケーキをたくさん描く子供がいます。しかし、制限時間があるので解決に時間がかかってしまいます。そうしたときに、友達のアレイ図をみて、「そうすれば、簡単に正確に解くことができるんだ」と気付くことができます。

算数科の指導のコツ ②円のかき方

# ICT機器を活用した「円のかき方」

### ねらい

3年生では、コンパスを使って円をかきます。初めて使うコンパスはなかなか扱いにくく、正確な円をかくのに苦労する子供もいます。そこで、ICT機器を活用して、一人一人の子供がコンパスを使って円をかくことができるようにする工夫を紹介します。

## 使わなければもったいない！ICT機器をフル活用する！

3年生では、単元「円と球」で、コンパスを使って円をかきます。これまで直線しかかいたことのない子供にとって、コンパスを使ってきれいな曲線をかくことは、意外に難しいことです。コンパスを用いてきれいな円をかくことができるようになると、コンパスの機能について理解することができたり、円のもつ美しさに着目することができたりします。また、コンパスは、これ以降の図形の学習でも重要な道具になるため、丁寧に指導したいところです。

そこで、どの学校にも普及してきているICT機器を使って、どの子供もコンパスを使って円をかくことができるための工夫を紹介します。

学校には、ノートパソコン、実物投影機、タブレットPCなどのICT機器がたくさんあります。円のかき方を指導する際、教師は模範演示をすると思いますが、「教師は黒板に対して子供はノート」「教師用コンパスに対して小さいコンパス」と、使っているものが違います。**「分かる」授業にするためには、できる限り子供と同じ道具で、同じ目線で示します。それを実現するのに有効なのが、ICT機器です。**

第3章 子供たちの学習意欲を伸ばす！ 3年生の授業のコツ

### 実物投影機を使って

　実物投影機は、子供と同じ目線でかくことを示すことができます。コンパスをもっている手だけでなく、もう一方の手は紙面を支えるなど、細かく指導することができます。

### タブレットPCを使って

　タブレットPCは、録画したコンパスのかき方の動画を見て、自力で解決する手助けになります。手元で、動画を何回も再生したり、分からないところは巻き戻したりすることができます。

――― ここがポイント ―――

❶コンパスを使っていると、次第にねじが緩んだり、鉛筆の芯の長さが短くなったりしてきます。「コンパスのねじをしっかりしめる」「鉛筆の芯の長さは、針より少し短くする」など、子供が自分で道具を整えることができるようにすることも大切です。

❷教師がコンパスを使ったきれいな模様を提示すると、子供たちは「きれい」「かいてみたい」という意欲が湧いてきます。楽しみながらいろいろな模様をかくことで、コンパスの使い方が自然と身に付きます。

理科の指導のコツ　理科学習の基本

# 「実物」に触れよう

**ねらい**

初めての理科の授業。生活科とのつながりを意識して、子供たちの身近なものを教材として取り上げます。実物に触れながら、理科の基本を押さえましょう。

## 実物に触れ、記録する方法を学ぶ

3年生になり、理科が始まります。3年生の理科では、身近なものを教材として取り上げ、たくさん実物に触れ、観察しながら学んでいくことが大切です。実物に触れながら、理科の基本である観察・記録の基本的な技能が身に付いていくようにしましょう。

例えば、ホウセンカ、ヒマワリなどの植物の観察では、芽が出たときの様子や生長していく様子を、「大きくなった」だけではなく、「葉が何枚あった」「地面からの高さは〇cm」など、数値を使って記録することや、「葉の形はギザギザしていて、触ってみたらチクチクした」など五感を働かせて感じたことを記録することなど、具体的な表現ができるように指導します。教師が例を示したり、子供の表現から「□□さんは、〇cmと書いてあって、分かりやすいね」と取り上げたりするとよいでしょう。

風やゴムのはたらき、光の進み方など、身近な自然現象について考えたり調べたりする単元もあります。子供たちの生活経験から実験方法を考え、単元を通して、科学的な見方・考え方を働かせて考えられるように意識して、授業を展開することができるようにしましょう。

## 観察カードには、数値や五感を働かせて感じたことを記録する

▼ホウセンカの観察カード
【数値を使って表現】

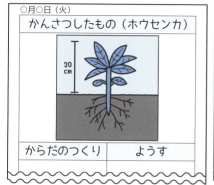

▼アリの観察カード
【絵は大きく描く】

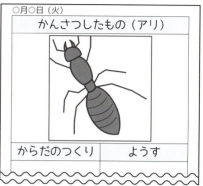

## 観察しやすくするための道具例

▼蓋付きプラカップにアリを入れて観察

▼様々な角度からアリを観察する

——— ここがポイント ———

　子供たちの観察・記録で、よいところは伝え合い、互いに真似したり、参考にしたりすることができるようにしましょう。授業中、みんなで認め合ったり、掲示して記録するときの支援をしたりすることで、子供たちはどんどん上手に記録することができるようになります。

音楽科の指導のコツ　リコーダー指導のポイント

# よい演奏は、よく聴くことから

---
**ねらい**

　3年生からリコーダー奏が始まります。リコーダー指導は、はじめが肝心。音を大切にする心を育てましょう。

---

## 📖 いつも友達の音を聴きながら演奏しましょう

　吹けば音が出るという手軽さも、リコーダーの魅力です。リコーダーでは運指が大きな課題で、正しく押さえて音を出そうと、子供は一生懸命になります。しかし、運指にばかり意識が集中していまい、音色が意識されません。正しく穴を押さえて演奏しても、よい音楽にはならないことが見られます。

　**リコーダーの学習では、いきなり楽曲を演奏するのではなく、音の高さをそろえるようにしましょう。** 音の高さは、息の出し方や強さによって変わります。「先生と同じ音で演奏してね」と、曲のはじめの音を教師がロングトーンで吹き、子供はその音をしっかり聞いてから、教師の音と同じになるように自分で調整し音を重ねます。強く外れた音が聞こえたら、もう一度やります。全員の音がそろったら、「今の音の出し方で、○○を演奏しましょう」と、曲を演奏します。教師の音に合わせたり、代表の子供の音に合わせたりすると、さらに音に気を付けて演奏できるようになります。きれいな音を出すためには、当然指でしっかり穴を押さえなければなりませんが、指だけの練習をするよりも効果的です。また、演奏するときは自分の音を聞こうとしてしまうため、強く吹いてしまいがちです。演奏のときは、**「友達の音を聴きながら演奏しましょう」** と声をかけると、ピーという強い音がなくなります。3年生の段階から、音を大切にする心を育てましょう。

## 音色を合わせるときの例

　はじめからみんなが、上手に演奏できるわけではありません。みんなで音を合わせるとき、どうしても音を外してしまう子供もいるでしょう。「リコーダーは嫌い！」とならないよう、以下のように音色を合わせるなどの配慮をしましょう。

①**ロングトーン（長く吹く）**　　②**オリジナルリズムをつくって**

──────── ここがポイント ────────

❶ 3年生になって初めて出会うリコーダー。2年生のうちに購入し、3年生の4月からスタートできるようにしておきます。また、音楽専科の先生による授業の場合は、1人に一つ音楽バッグを用意して、音楽の教科書、楽譜やワークシートを入れるファイル、そしてリコーダーの3点セットを入れておくと、忘れ物がなく音楽の学習をスムーズに始めることができます。

❷ おすすめのリコーダー曲ベスト3！
- ●導入期　「さくら笛」：ラとシしかないので、導入期におすすめです。教科書の曲では少し物足りないときに。曲を演奏した感じになります。
- ●中間期　「あの雲のように」：簡単な運指で二重奏を楽しめます。音の重なりがきれいです。
- ●1～3月　「パフ」：ファとミの学習の時期に取り組みたい曲です。歌詞もあり、親しみやすいメロディーです。

図画工作科の指導のコツ　造形遊び

# 五感をフルに使って、楽しい図工！

---
**ねらい**

子供が大好きな「造形遊び」。心も体も開放して、全身で楽しめる空間を用意しましょう。

---

## 📖 長ーい紙で、つくろう！　○○ランド

「長ーい紙、つくって」は、新聞紙で細長い紙をたくさんつくり、その特徴を生かして遊ぶことを楽しむ造形遊びです。子供たちは、造形遊びが大好きです。単に新聞紙を長く切ったり、貼ったり、つるしたりするだけでも３年生は十分に楽しむでしょう。しかし、子供の「もっとやりたい」という気持ちを引き出したり、工夫しようという気持ちを高めたりするには工夫が必要です。

**そこで、「３年２組ふしぎランドへようこそ」「どきどき　おばけやしき」など、クラスのテーマを考えます。** テーマがあることで、紙を長くするだけでなく、見た目や感触にも目を向けることができます。新聞紙をそのまま長く切ったり、くしゃくしゃにしたりと、様々な工夫が生まれます。つくりながら自分のイメージを広げる姿、イメージに合うように丸めたり、長さを調節したりする姿など、子供たちの工夫する姿がたくさん見られると思います。

鑑賞では、グループの中で前後半に分かれて鑑賞します。作品の説明をしたり、感想を伝えたりする言語活動もできます。他学年にも呼びかけて、休み時間に来てもらうようにすると一層意欲が高まります。

## 一人一人が造形遊びに没頭できるような空間をつくる

　教室以外の「非日常」の空間で造形遊びをすることは、発想を広げ、ダイナミックな活動を生み出すことにつながります。

　子供の活動の様子に応じて、教師が「一緒にやってみよう」というように、友達と関わるきっかけとなる声かけをすることも大切です。

——— ここがポイント ———

　グループごとに場所を指定しますが、一人一人が材料と十分に触れ合い、造形遊びを楽しめるようにしましょう。グループで決めたテーマに沿って役割分担することも考えられますが、それでは一人一人の自由な発想が生かせないこともあります。テーマは統一したものでも、一人一人が自分で考えてつくることができるようにし、活動の前や途中で声をかけ、友達と関わることができるように留意します。

体育科の指導のコツ　体つくり運動

# 体つくり運動で体を動かす楽しさを味わう

### ねらい

体つくり運動は、いろいろな運動に取り組むことで、体を動かす楽しさや心地よさを味わい、体の基本的な動きができるようにします。ここでは、用具を使った体つくり運動の例を紹介します。

##  用具を使った体つくり運動

### 目指せ！　フラフープ名人

体のいろいろな部分で、大きさも様々なフープを使って取り組みます。回す時間や回数を設定して、ゲーム性を高くすると、子供の意欲が高まります。

【腰で回す】　　　　【手で回す】　　　　【足で回す】

【回しながら歩く】　【ペアで相手に向かって転がす】

※転がしたフープをくぐるのも楽しいです。

## 目指せ！ ロープ名人

　短なわや長なわを使っていろいろな跳び方に挑戦します。なわを使った運動では、リズム感を育て、普段とは違う動きを身に付けていきます。

【短なわを使って一人で跳ぶ】　【短なわを使って二人で跳ぶ】

スキップしながら跳ぶ　横並び　向かい合って　一人が補助

【長なわを使って跳ぶ】

跳んだ人はカラーコーンを回って戻ってきます。

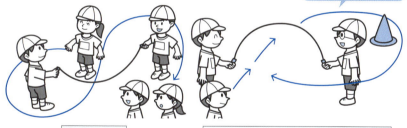

8の字跳び　カラーコーンを使って8の字跳び

――― ここがポイント ―――

❶ 体つくり運動では、多様な動きをつくる運動をします。技能の向上をねらったものではなく、体を動かすことの楽しさを味わうことが大切です。
❷ 用具の使い方、移動による身体接触など、安全には十分留意します。安全に体育を行うための約束を守ることも大切なねらいとなります。
❸ 単元の後半では、これまでに経験した動きを工夫したり組み合わせたりして、動きを広げる活動を取り入れましょう。新たな「わざ」を生み出した子供を称賛して、子供のやる気を引き出しましょう。

外国語活動の指導のコツ　最初の１時間で外国語活動好きに

# フレンズ自己紹介をしよう

---
**ねらい**

英語による短い言葉や簡単な表現を用いて、相手の思いを聞いたり、自分の思いを伝えたりしながら、相互理解を深めましょう。

---

## 📖 つながる、広がる、関係づくり

　ここで紹介する「フレンズ自己紹介」は、"I like ＿＿＿."や"○○ friends!"などのシンプルな表現を用いて、相手の思いを聞いたり、自分の思いを伝えたりしながら、相互理解を深めていく活動です。

　教師が決めたテーマ、例えば「好きな食べ物」について互いの思いを伝え合います。
　その際、英語に触れてきた経験が少ない３年生であっても、コミュニケーションを楽しめるよう工夫することが大切です。**そのために、この段階では言語材料を限定しすぎず、実態に応じて、知っている英語表現の使用を認めたり、名詞については日本語の使用も認めたりしましょう（"I like たこやき."など）。**そうすることで、３年生でも、負担を感じることなく英語を使ってコミュニケーションを楽しむことができるようになります。
　また、一つのテーマによる活動が終わる度に、教師が"I like ○○. And you?"や"◇◇ friends?"などと子供たちに投げかけましょう。その返答をもとに、"You are ◇◇ friends!"などと子供たちの輪をつなげていきます。このとき、席が離れている友達ともエア・ハイタッチやエア・握手をすることで、より楽しくあたたかな人間関係を築くことができます。

第3章 子供たちの学習意欲を伸ばす! 3年生の授業のコツ

### フレンズ自己紹介

まだ「知り合う」段階の子供たちには、大勢の前に立って行う自己紹介スピーチよりも、ゲーム感覚で声をかけ合うような活動の方が有効な場合があります。そのため、「フレンズ自己紹介」などをして、多くの友達と「つながる機会」というイメージをもつとよいでしょう。教師は、表情豊かにジェスチャーを使うなど、進んでコミュニケーションを図ろうとしている子供を大いに称賛しましょう。

【例：好きな食べ物】

A：Hello.
B：Hello.
A：I like チョコレート .
B：Good!
A：And you?
B：I like pancakes.
A：Wow! Sweets friends!
　（実態に応じてハイタッチなど）
B：Thank you. Bye.

※好きな食べ物の種類が同じだったら、"○○ friends!"
　好きな食べ物がまったく同じだったら、"Best friends!"

──────── ここがポイント ────────

❶言語材料を限定しすぎず、実態に応じて、知っている英語表現の使用を認めたり、名詞については日本語の使用も認めたりしましょう。
❷コミュニケーションを図る中で、実態に応じて、スキンシップを取りながら関わり合うことができるようにしましょう。
❸各トピック終了時に教師が、「◇◇ friends?」などと子供たちに投げかけましょう。そして、返答をもとに子供たちの輪をつなげ、さらに広げていきましょう。「投げかけ→引き出し→さらにつなげる」イメージです。

総合的な学習の時間の指導のコツ　子供が主体的に学ぶ単元づくり

# 社会科からつながる、地域素材を活用した総合的な学習の時間

**ねらい**

初めての総合的な学習の時間。社会科の「まちたんけん」と関連させた単元をつくり、地域素材と繰り返し関わることで、子供が本気になって活動するようになる学習にしましょう。

## 地域素材と繰り返し関わることで子供は燃える！

　3年生になると、総合的な学習の時間の学習が始まります。目標や内容は学校ごとに設定します。さらに、学校によっては指導計画上、学級ごとに内容を設定することになっているところもあります。子供たちにとっては楽しみな学習ですが、教師にとっては、教科書のない総合的な学習の時間（以下「総合」）の単元づくりについて悩むところです。

　3年生の総合では、社会科の学習と関連させる単元づくりが考えられます。3年生の社会科では身近な地域の地理的環境、産業や生活の様子などを学びます。学んだことの中で、子供が関心をもった内容を総合で扱うようにします。そうすることで、子供が問題意識をもった状態から学習がスタートします。単元が始まった後のポイントは、身近な地域素材と繰り返し関わるということです。すると、一人一人の関心がさらに高まり、放課後など、自主的に素材と関わろうとする子供が出てきます。関わりを繰り返すと、一人一人が素材の好きなところ、こだわりなどをもつようになります。それらを学級で共有することで、子供たちの中に新たな視点が生まれ、「もっと知りたい」と思うようになります。

## 総合的な学習の時間のイメージ

**社会科の「まちたんけん」から　子供が関心をもった内容**

学校で

学校での活動と、具体の活動を繰り返すことで思いが深まり、こだわりが生まれ、主体的に活動するようになる。また、収集してきた情報をみんなで共有するときに、分類したり関連付けたりして協働的に学ぶようになる。

地域素材との関わり

──── ここがポイント ────

❶ 素材と関わることで何を学ぶことができるか、指導のねらいを明確にしておきましょう。安全面も確認しておくとよいでしょう。交通安全、危険な場所や生き物などがないかを確認しておくことも大切です。

❷ 他者と関わることで、子供が学ぶことがたくさんあります。充実した学習をするためにも、関わる人と事前に打合せをしましょう。学習の意図、どこまで関わってもらうのかなどをしっかりと伝えておきましょう。

道徳科の指導のコツ　道徳的実践につなげる工夫

# 実践への意欲が高まる「特別の教科　道徳」

### ねらい

「特別の教科　道徳」では、教材をもとに、自分との関わりで考え、話し合うことが中心になりますが、学んだことを道徳的実践の場である特別活動等で実践できるようにすると、学習の効果が高まります。

 **主体的な学びにつながる実態と、実践できる場を！**

「特別の教科　道徳」（以下「道徳科」）は、学校の年間指導計画に基づいて指導されます。教材も、基本的に教科書を使用することになります。その道徳科で学んだ道徳的価値について、**道徳的実践の場である学校行事などの特別活動や日常の学校生活等での体験を通して深めていくことで、学習の効果を高めることができます。**

３年生になると校外学習が増えます。一歩校外に出ると、子供はいつもと違う環境に気分が高揚します。お弁当をもって出かけたり、電車に乗ったりすればなおさらです。学校の中では発生しない問題も起こります。例えば、昼食後に弁当のゴミが散乱しているなどです。その場で指導することはもちろん大切です。しかし、その状況を後で思い出すことができるように、写真などを撮っておきましょう。

「あめ玉」という教材があります。電車の中で妹があめ玉をたくさんこぼしてしまいます。姉は一生懸命拾い、電車を降りた後、くずかごに捨てる、という話です。どんな気持ちから姉はあめ玉を拾ったのか、自分だったらどう思うかを、校外学習を想起させて話し合います。

みんなで使う場所はきれいにする、その価値を考えた子供たち。次の校外学習では、昼食場をきれいにしたいと思うようになります。実際に実践できる場があることが、子供たちの意欲を高めます。

「あめ玉」　　C−⑩　規則の尊重
①校外学習で昼食後にゴミが散らかっていたことを思い出す。
②教材を読み、どんな気持ちから姉は一生懸命あめ玉を拾って捨てたのかを考える。
③自分だったらどう思うかを考え、話し合う。
④これまでの自分を振り返り、価値について考える。

　　　　　　　　　　　　　　　江橋照雄作「あめ玉」より

―― ここがポイント ――

　教材の読み取りだけで1時間の授業が終わってしまうと、ねらいとする道徳的価値に迫ることができません。道徳的価値を自分自身と結び付けて考えることもできません。一人一人の子供が、これまでの自分を振り返り、道徳的価値について考えることが大切です。そうすることが、実生活での実践につながります。

特別活動の指導のコツ　学級活動(1)

# 学級会（話合い活動）に取り組む

---
**ねらい**

３年生では、自分たちで考えて楽しい学級生活をつくろうとする意欲が高まってきます。楽しい学級生活をつくるために学級全体で話し合う「学級会」について考えていきましょう。

---

##  協力して楽しい学級生活をつくろうとする態度を育てる

#### 学級会とは？

　学級活動（1）において、自分たちが見いだした、学級や学校の生活上の課題を解決するために、学級全員で話し合う「話合い活動」のことを、多くの学級で「学級会」と呼んでいます。「学級会」は、子供たちが自分たちの発意・発想をもとに楽しい学級生活をつくっていくために、とても重要な活動です。具体例をもとに、「学級会」を行う上でのポイントを考えていきましょう。

#### 子供の思いや願いを引き出そう

**議題（例）「友達のよいところかるたをつくろう」**

友達のよいところを見付けてもっと仲よくなりたいな。

このところ雨の日が多いから、室内でもみんなで楽しく遊べるといいな。

低学年のとき、生活科の昔遊びでかるたをして遊んだことがあるよ。

**自ら楽しい学級生活をつくろうとする態度を育てるためには、学級生活をよりよくするための課題を子供自ら見いだすことが大切です。**ここで言う課題とは、学級における生活上の諸問題のほか、集会活動の計画や、楽しい学級生活のためのきまりづくりなども含まれます。議題箱を活用したり、子供のつぶやきを逃さないようにしたりして、「○○したい」「□□を何とかしたい」という子供の思いや願いを引き出すようにしましょう。

## 議題を選定します

　学級会では、学級・学校生活の中で子供たちが見いだした課題を**「議題」**として選び、学級全体で話し合っていきます。学級会の議題の選定は、計画委員会（メンバーは輪番で全員が行うようにする）を開いて検討した上で、学級全体で共有し、決定する場を設けるようにしましょう。**議題は、子供の学級生活に関わりがあり、全員の子供が共同の目的意識をもって話し合い、自分たちで協働して解決し、実践できるものが、望ましいと言われています**（個人情報やプライバシーの問題、相手を傷つけるような結果が予想される問題、教育課程の変更に関わる問題、校内のきまりや施設・設備の利用の変更等に関わる問題、金銭の徴収に関わる問題、健康・安全に関わる問題などは扱わない）。一般に、学級会で取り上げる一連の内容を「議題」とし、議題の選定から振り返りまでの一連の過程を「実践」ととらえます。

## 学級会の事前指導で見通しを

議題が決まったら、学級会で具体的に何をどのように話し合うのか、計画委員会で話合いの柱を決めます。一つ一つの柱について、どのような意見が出て、どのようにまとめていくのか、時間配分などの見通しを立てることも大切です。**その際、学級会で合意形成するときの拠り所となる「提案理由」等を明確にしておくことが重要です。**また、自分たちで話合いを進めるための役割分担を決めます。具体的には、司会、黒板記録、ノート記録などがあります。計画委員会には、提案者も入って話し合います。

## いよいよ学級会

話し合うことに沿って、子供たちが話合いを進めていきます。議題についての提案理由をもとに、一人一人の思いや願いを大切にして意見を出し合います。そして、共通点や相違点を確認したり、分類したり、共通の視点をもって比べ合ったりします。よりよいものを選び、意見の違いや多様性を生かして、学級としての考えをまとめたり決めたりして合意形成を図ります。

　話合いでは、子供同士の意見が分かれることがあります。そのようなときこそ、子供たちの学びのチャンスです。互いの思いを聞き合い、尊重し合いながら話し合うことが、子供同士の人間関係を深めることにつながります。

### 決まったことは協力して実践、活動後にはしっかり振り返りを

　学級会で決まったことは、実践することが大切です。振り返りでは、「みんなで話し合って、決まったことを実践したから楽しい活動になった」と思えるようにしましょう。

クラスのでのかるた大会

友達のよいところかるた

―――― ここがポイント ――――

　たった一度、学級会をしたからといって子供たちに力が付くわけではありません。年間を通じて基本的な一連の学習過程を通して継続的に取り組むことで、子供たちに活動や生活をつくる力を育て、人間関係を深められるようにしていきましょう。子供たちだけでは、全ての活動がうまくいきません。だからといって、教師が出すぎてしまっても子供の主体性を奪ってしまいます。子供の活動を見守り、困ったら助言をするなどしていきます。

特別活動の指導のコツ　学級活動(2)

#  望ましい食習慣を形成する

---
**ねらい**

学級活動の内容（2）は、一人一人の子供が、自らの学習や生活について課題を解決するために、めあてや取組方法について意思決定して実践します。ここでは「エ　食育の観点を踏まえた学校給食と望ましい食習慣の形成」の内容を例に、学級活動（2）の実践例を紹介します。

---

##  自分の生活を振り返り、これからの自分について意思決定

**問題の発見→問題の確認**

これまでの給食の様子を振り返り、一人一人の子供が、共通に解決すべき問題を「題材」として設定します。この問題に対して、一人一人の子供が「自分ごと」として意識できることが大切です。そのためには、次のような手立てが有効です。

○残食の様子を写真に撮って掲示する。
自分たちのクラスの給食の様子を振り返るときに、視覚的に課題を見付けやすくなる。

○事前に子供に食に関するアンケートをとり、集計した結果を掲示する。

### 解決方法の話合い→解決方法の決定

　課題を自分ごととしてとらえられたら、それをどのようにして解決するかを考え、学級で話し合います。教師は問題の状況や原因、解決の方向性などについて、例えば、栄養バランスや食べる量、食事のマナーについて、資料を提示したり説明したりします。学校に栄養教諭や学校栄養職員がいる場合には、授業に参加してもらって、直接話をしてもらうのもよいでしょう。

ゲストティーチャーの活用

　指導内容やアドバイスをもとにして、子供たちは実践に向けて、自分のめあてや取組方法などについて意思決定します。

ぼくは、赤・黄・緑の食べ物をバランスよく食べることをめあてにしよう。

### 決めたことの実践→振り返り

　自分で決めためあてに沿って、給食で実践をします。その際、めあてに向けて取り組むことができたか、チェックできるカードがあるとよいでしょう。1週間ほどの期間を決めて取り組みます。

　実践が終わったら振り返りをして、一人一人の頑張りを認め合いましょう。

―― ここがポイント ――

　小学校学習指導要領には、学級活動の（2）の内容として、次の4つの内容が示されています。
　　ア　基本的な生活習慣の形成　　　イ　よりよい人間関係の形成
　　ウ　心身ともに健康で安全な生活態度の形成
　　エ　食育の観点を踏まえた学校給食と望ましい食習慣の形成
　これらの内容については、いずれの学年でも指導することとなっています。3年生でも学校の年間指導計画に基づいて、適切に指導します。

特別活動の指導のコツ　学級活動(3)

# 学校図書館の活用で学びを深める

---
**ねらい**

　子供は学校図書館が大好きです。3年生では、社会科や総合的な学習の時間の学習が始まります。「学級活動（3）ウ　主体的な学習態度の形成と学校図書館等の活用」の指導を充実させることで、学びを深めましょう。

---

##  学校図書館を活用してよりよく意思決定

　3年生の社会科や総合的な学習の時間では、実際に地域に出て学習を進めることが多くあります。子供にとっては実物に触れることができる充実した時間です。しかし、学びの過程で、「調べること」が必要になることがあります。そんなとき**「学級活動（3）ウ　主体的な学習態度の形成と学校図書館等の活用」**の指導が重要になります。

　「学級活動（3）ウ」は、学校図書館の使い方を学ぶだけではありません。子供が、学校図書館の活用の仕方を知り、自分の学習を充実させることが大切です。自分が知りたいことの調べ方が分かり、見付け、学習が深まることで、子供は学ぶ楽しさを味わいます。主体的な学習態度の形成にもつながります。

　**学級活動（3）で大切なのは、子供一人一人が自分の課題に合わせて目標を決めることです。**3年生にとって、自分に合った目標を設定することは、まだ難しいことです。目標を立てている子供に寄り添い、声をかけ、その子供に合った目標になるようにしましょう。そして、目標を達成できた姿を認め、称賛していきましょう。

## 学級活動（３）の学習過程

**問題の発見・確認**

総合の時間で調べたいことがでてきたんだけど、図書館での調べ方が分からない！

**解決方法の話合い**

似ている種類ごとに本棚に入っていたよ。

学校図書館司書の先生に聞こう。

本の中身を見て、知りたいことがあるか確かめよう。

学校図書館司書に話を聞く。

**解決方法の決定・実践**

来週の総合の時間までに、図書館でパン屋さんの仕事について調べよう。

**振り返り**

「調べることができて、パン屋さんのことがもっと分かった！」
その後の学習でも主体的に学校図書館を活用する子供になった。

──── ここがポイント ────

　授業では、専門知識をもつ学校図書館司書等に話をしてもらうと効果的です。しっかり事前に打合せをし、どのようなことを話してもらうかを確認しておきましょう。大切なのは子供がしっかり考え、話し合う余地を保障することです。２年生までに学校図書館を使った経験も把握しておきましょう。

第4章

# 3年生で使える「学級遊び」

3年生で使える「学級遊び」①

# ラッキーアニマル

---
**概要**

コミュニケーションを図る活動を通して、友達と同じ目的意識で活動する楽しさを味わい、友達への関心を高めましょう。

---

 ## コミュニケーションを図る楽しさを味わおう

### STEP 1 使用する言語材料に慣れ親しむ

まず、チャンツや他の活動を通して、使用する言語材料に十分に慣れ親しめるように指導しましょう。

### STEP 2 活動する

この活動で使用するフレーズは、"Lucky animal（トピック）1, 2, 自分の答え（ジェスチャーを交えて）."です。トピックに関する自分の答えを、ジェスチャーを交えて同時に伝え合います。ぴったり合ったら"Best friend!"とハイタッチをし、クリアとなります。合わなかった場合は"Sorry, friends."と伝え、新たなパートナーと活動を続けます。

### STEP 3 いろんなアレンジを加えてみる

この活動では、「アニマル」に限らず、様々なもので応用することができます。また、「ベストフレンドを3人見付けよう」などと、クリアの条件とする人数を調整することで、時間調整もできます。ペアやグループ、1対その他全員等、様々なアレンジも利きます。ねらいに応じてアレンジをして、友達と楽しく関係づくりを行いながら、英語に慣れ親しめるようにします。

## 「ラッキーアニマル」の流れ

同じトピック（例えば「アニマル」）だけで長く繰り返すのではなく、頃合いを見て変化を加えながら繰り返し、英語に慣れ親しむようにします。

─── ここがポイント ───

❶気持ちや思いを言葉に乗せてやりとりし、仲が深まる心地よさを子供たちが体感できる指導を目指しましょう。例えば、応答する際の表現"Best friend!" "Sorry." や、やりとり終了時の挨拶"Thank you." "Bye." など、一言一言を大切に扱うようにします。

❷コミュニケーションを図る中で、実態に応じて、スキンシップを図りながら関わり合うことができるようにしましょう。

❸相手と主体的にコミュニケーションを図ることの楽しさや大切さを感じられるようにします。また、外国語によるコミュニケーションを通して、友達と楽しく関わり、人間関係を深めることができるようにしましょう。

3年生で使える「学級遊び」②

# ○組ソングをつくろう！

---
**概要**

既習の歌をもとに、自分たちの思いを生かしてアレンジすることで、相互理解を深めましょう。

---

📖 "If you're happy"「しあわせなら手をたたこう」
（繰り返しの表現を活用して、歌詞の一部を変えてみる例）

ここでは、子供たちにとって身近な「歌」を活用したアクティビティを紹介します。他の曲にも応用できるので、実態に合ったアクティビティを行ってみてください。

###  STEP 1　歌に慣れ親しむ

子供たちが歌に慣れるために、授業だけでなく、朝の歌やBGM等で積極的に活用しましょう。耳慣れした段階で、実際に歌うようにします。ここで、子供たちが歌いにくそうにしている箇所がある場合、思い切って歌詞を変えてみましょう（次ページ参照）。そうすることで、歌いやすくなり、スムーズに活動できるようになります。

### STEP 2　アレンジする

曲に慣れ親しんだ段階で、子供たちの思いを生かして、歌詞の一部をアレンジしましょう（次ページ参照）。

その際、子供たちが考えたジェスチャーを交えることで、より楽しく、思いをもって活動することができます。

If you're happy, happy, happy, clap your hands♪

## 歌詞を簡単な単語に変えた掲示物の例

　子供の実態に応じて、リズムに合わせて歌って楽しむことを重視し、歌詞を簡易な単語に変えた例です。Happy と jump の繰り返しなので、どの子供も楽しく歌えることができます。

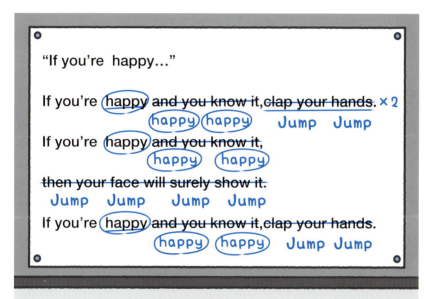

――――――― ここがポイント ―――――――

❶繰り返しの表現がある曲を選びましょう。また、子供たちが学習する言語材料に沿った、アレンジしやすい歌詞の曲を選ぶようにしましょう。

❷歌に慣れ親しむ段階で、実態に応じて歌詞を変えることも大切です。もちろんそのままでも構いませんが、どの子供も楽しめるよう歌詞の一部を変更するなど、配慮を形にしていきましょう。

❸曲に慣れ親しんだ段階で、子供たちの思いを生かして、歌詞の一部をアレンジしましょう〈気分・色・数・曜日・動物・食べ物等〉。その際、子供たちが考えたジェスチャーを交えて行うことで、より楽しい活動となります。

**3年生で使える「学級遊び」③**

 # リズムでつなごう

---
**概要**

リズムに合わせて名前を呼び合うことを通して、誰とでも気軽に声をかけ合えるような雰囲気をつくり、仲間意識を高めましょう。

---

### STEP 1 ゲームのやり方を知る

まず、ゲームのやり方を説明しましょう。

```
♪♪      ♪♪      ♪♪      ♪♪
《手拍子》《膝たたき》《手拍子》《膝たたき》
パンパン  ○○さん   はーい   （立つ）
```

① グループで輪になって座ります。
② グループのみんなで、**2拍のリズムに合わせ、手拍子→膝たたき→手拍子→膝たたき**を繰り返します。
③ グループで順番を決めて、最初の人が膝たたきのタイミングで隣の友達の名前を呼び、呼ばれた人は次の手拍子で「はーい」と返事をし、さらに次の膝たたきで立ちます。
④ 2拍のリズムはグループで続けながら、全員が呼ばれて立ったら拍手をして終わります。
  ※教師は1グループをお手本にして説明しながら、みんなでやり方を確認しましょう。

### STEP 2 変化を付けてもっとゲームを楽しもう！

子供たちは、楽しんでゲームに取り組みます。次第に、全員が呼ばれて立ち、ゲームをクリアするグループが出始めます。先にクリアしたグループはもう一度取り組み、全てのグループがクリアできたら、少しだけ難易度を上げてみましょう。

**名前を呼ぶ順番をランダムにしてみたり、2拍から3拍に変えてみたりすると、変化が付いて難易度が上がります。** 子供たちに「少し難しくしてみようか？」などと声をかけて、いくつかの難易度を上げる方法を示せば、子供たちは、どんどん自分たちで変化を付けてゲームを楽しむようになります。

### STEP 3 みんなでやってみよう！

ゲームを十分に楽しんだ子供たちには、「もっと大人数でやってみたいな」という思いが芽生えてきます。そこで、「みんなでやってみよう！」と声をかけ、全員で一つの輪になってチャレンジします。ここでは、難しいやり方ではなく、最初のやり方に戻って取り組んでみましょう。成功した瞬間には、これまでにない一体感を学級の全員で味わうことができます。

──── ここがポイント ────

❶ 子供たちは、はじめからなかなか上手くはできないでしょう。失敗感を味わわせないためにも、まずは、ゆっくりと全員ができるリズムでやってみましょう。グループでやるときも、やり方を教えたり、友達に合わせてリズムを遅くしたりしているグループを、教師が褒めましょう。

❷ 全員が呼ばれて立つことができたら、拍手ではなく挨拶に変えることで、朝の会や帰りの会でもできるようになります。日常でも使える場面はあるので、ちょっとした時間にやってみるのもよいでしょう。

3年生で使える「学級遊び」④

# ぱちぱちリレー

---
**概要**

みんなでタイムを縮めることを通して、力を合わせて行う楽しさを味わうことができるようにしましょう。

---

## 「ぱちぱちリレー」の基本的なやり方

1　1つの輪になります。
2　教師がやる動きを、左隣の人から順々に送っていきます。波のように、右の人がやったら自分もその動きをやります。
3　最初は拍手1回です。「ぱち」。
4　1周回って元に戻ってきたら、今度はこれを、なるべく早く回してみます。
5　次に、拍手を2回にします。「ぱち、ぱち」これを回します（教師はタイムを計っておきます）。
6　「今、計ってみたんだけど、○秒○だったよ。このタイム、もっと縮められそう。何秒くらいで、できそうかな」などと投げかけます（「○秒でできるよ」「そんなに速くは無理だよ」の声が上がるでしょう）。
7　目標タイムを決めて行います。
　※教師が調整役となり、タイムを上げるための作戦タイムをします。子供たちの意見で、目標タイムを設定します（タイムを競うことだけに夢中になると、トラブルになって仲が悪くなることも考えられます。何のために行う活動なのかを事前にしっかりと指導しましょう）。
8　活動を振り返ります。

第4章 3年生で使える「学級遊び」

### STEP 1 まずは、教師と一緒にやってみよう！

新しいゲームのルールを理解することが難しい子供もいますが、ルールが分かると、楽しくなります。言葉で説明した後、実際にやってみて、ルールの理解を図れるようにします。まずは、教師と一緒に練習してみましょう！

### STEP 2 作戦を話し合って、目標タイム更新にチャレンジ！

やってみると、子供たちは、もっと速くできる方法について意見を言い始めます。教師が調整役となって子供の意見をまとめ、みんなで共通理解できるようにします。目標タイムを設定する際は、子供の意見を反映させながら、達成できるようなタイムを設定しましょう。

ぱちぱちリレーは、はじめのうちは行う度に速くなりますが、何回もやっているうちにタイムが縮まらなくなります。そこで教師が「3回で、どこまで速くなるかやろう」など、回数を決め、気持ちよく終えるようにします。

### STEP 3 振り返り

活動を通して見付けたよさを、教師が認めて褒めることが大切です。今後の学級経営に生きていきます。「○○さんが、『ちょっと練習しようよ』とみんなに声をかけたのがよかったね」「速くできるように、○○さんは△△さんにコツを教えていたよ」などの具体的なエピソードを紹介するとよいでしょう。

―――― ここがポイント ――――

❶ 基本のやり方は一人拍手2回で1周するというものですが、一人拍手1回を2周、拍手2回足踏み2回など、子供の実態や意欲に合わせてアレンジすることができます。みんなで工夫する楽しさを味わうこともできます。
❷ 目標タイムではなく、仲間づくりをしたり協力する楽しさを味わったりすることがねらいです。活動を通して気付いたことを、丁寧に振り返ります。

3年生で使える「学級遊び」⑤

# サイレント仲間探し

用意する物：カード①（1セット5色）一人1枚（学級の人数による）
　　　　　　カード②（動物カード）（スポーツカード）（キャラクターカード）
　　　　　　（給食カード）（教科カード）それぞれ6枚ずつ

---- 概要 ----

同じカードのメンバーをジェスチャーをしながら探したり、集まったグループで伝え合ったりする活動を通して、仲間づくりを進めましょう。

### STEP 1　ルールを知る

①カードがランダムに配られる。
（友達に見せない）
②**しゃべらずに同じカードの仲間を探す。**
③集まったグループでカードに書かれていること（好きなスポーツや給食など）を伝え合う。

### STEP 2　ウォーミングアップ

色のカードを使って仲間探しのウォーミングアップを行う。

第4章 3年生で使える「学級遊び」

**STEP 3** サイレント仲間探し開始

ジェスチャーを通して、同じカードの仲間を探す。

**STEP 4** 集まったグループごとに伝え合う

集まったグループでカードに書かれていること(好きなスポーツや給食)を伝え合う。

**STEP 5** 何度か繰り返した後、活動を振り返る

──────── ここがポイント ────────

❶仲間探しで集まるだけではなく、その後にどのような内容を伝え合うと子供同士の仲がより深まっていくのか、実態や実施時期を踏まえて考えるようにしましょう。
　(例)年度始めの知り合う時期：好きな給食、好きな教科、好きなスポーツ
　　　関わり合う時期　　　　：趣味、好きなキャラクター、好きな遊び
　　　認め合い、高め合う時期：学級のみんなでやりたいこと、学級生活で
　　　　　　　　　　　　　　　面白かった出来事、など
❷なかなか友達に関わることができない子供には、教師が補助したり、伝える方法を例示したりするなどの支援が必要です。一人一人の状況に合わせて活動していきましょう。

[編著者]

## 安部 恭子  Abe Kyoko

文部科学省初等中等教育局教育課程課教科調査官〔特別活動〕
国立教育政策研究所教育課程研究センター研究開発部教育課程調査官

特別活動サークルや研究会での、たくさんの仲間や尊敬する先輩たちとの出会いにより、特別活動の素晴らしさを実感し大好きになる。大宮市立小学校、さいたま市立小学校、さいたま市教育委員会、さいたま市立小学校教頭勤務を経て、平成27年4月より現職。

## 石川 隆一  Ishikawa Ryuichi

神奈川県横浜市立西前小学校長

[執筆者]

| | |
|---|---|
| 本田 大亮 | 神奈川県横浜市立北方小学校主幹教諭 |
| 源 憲一 | 神奈川県横浜市立権太坂小学校教諭 |
| 廣田 晃士 | 神奈川県横浜市立阿久和小学校教諭 |
| 五味 毅 | 神奈川県横浜市立宮谷小学校教諭 |
| 國分 享子 | 神奈川県横浜市立北綱島小学校主幹教諭 |
| 瀬尾 和秀 | 神奈川県横浜市立本町小学校教諭 |
| 森川 雅子 | 神奈川県横浜市立新鶴見小学校教諭 |
| 押本 悠季 | 神奈川県横浜市立瀬戸ケ谷小学校教諭 |
| 小西 雅章 | 神奈川県横浜市立美しが丘西小学校教諭 |
| 池田 恭平 | 神奈川県横浜市立子安小学校教諭 |
| 飯島 道世 | 神奈川県横浜市立瀬谷第二小学校教諭 |
| 兼子 輝 | 神奈川県横浜市立荏田東第一小学校教諭 |

## 「みんな」の学級経営
### 伸びる つながる 3 年生

2018（平成 30）年 3 月 22 日　初版第 1 刷発行

編著者　**安部恭子・石川隆一**
発行者　**錦織圭之介**
発行所　**株式会社 東洋館出版社**
　　　　〒 113-0021　東京都文京区本駒込 5-16-7
　　　　営業部　TEL：03-3823-9206
　　　　　　　　FAX：03-3823-9208
　　　　編集部　TEL：03-3823-9207
　　　　　　　　FAX：03-3823-9209
　　　　振　替　00180-7-96823
　　　　Ｕ Ｒ Ｌ　http://www.toyokan.co.jp

［装　丁］中濱健治
［イラスト］osuzudesign（田中小百合）
［編集協力］株式会社あいげん社
［本文デザイン］竹内宏和（藤原印刷株式会社）
［印刷・製本］　藤原印刷株式会社

ISBN978-4-491-03497-3　　Printed in Japan

JCOPY ＜(社)出版者著作権管理機構 委託出版物＞
本書の無断複写は著作権法上での例外を除き禁じられています。複写される場合は、そのつど事前に、(社)出版者著作権管理機構（電話 03-3513-6969、FAX 03-3513-6979、e-mail: info@jcopy.or.jp）の許諾を得てください。